CÓMO GANAR $100, AÑO EN INGRESOS PASIVOS Y VIAJAR EL MUNDO

La guía de ingresos pasivos que lo llevaran a la riqueza y la libertad financiera

Presenta 14 estrategias probadas de ingresos pasivos y cómo usarlas para ganar $100K por año

Por Chase Andrews

Aviso:

Publicado por
CAC Publishing LLC
ISBN 978-1-948489-61-4 (libro electrónico)
ISBN 978-1-948489-62-1 (tapa blanda)

Si está interesado en aprender más acerca de mí, los ingresos pasivos y cómo recuperar su vida, asegúrese de visitar mi sitio en www.thepassiveincomemachine.com ¡lo veo allí!

Si disfruta aprender sobre el ingreso pasivo en este libro, ¡Apreciaría una BUENA RESEÑA! ¡Dejar reseñas es la mejor manera de ayudar a sus colegas lectores a diferenciar los buenos libros de los terribles, así que asegúrese de ayudar a sus lectores y entusiastas de ingresos pasivos!

Asegúrese de revisar mi serie titulada "Su camino hacia el éxito". El primer libro de la serie se titula "Falle su camino hacia el éxito" que pone de relieve cómo los grandes triunfadores ven el éxito y cómo utilizan el fracaso para su beneficio cada vez. Con el fracaso, no solo se elevaron a sí mismos, sino que llevaron a la humanidad a mayores alturas con ellos.

Contenido

PREFACIO 7

INTRODUCCIÓN 1

¿Qué es el ingreso pasivo?...1

Por qué necesita ingreso pasivo AHORA......................2

Ingreso pasivo para el estilo de vida que desea 6

La mentalidad que necesita para crear ingresos pasivos......7

CAPÍTULO 1: Publicación directa de Amazon Kindle.............9

Encontrar un nicho..9

Investigación de mercado...10

Crear un gran título y una portada que venda...............19

Creación de libros..20

Publicación en Kindle..22

Su libro está publicado, ¿y ahora qué?........................25

Obtener reseñas..27

Ganando $100,000 por año con Kindle 29

CAPITULO 2: Amazon FBA 33

Cómo encontrar un producto 34

Dónde obtener sus productos 38

Cómo saber si un producto será rentable 39

Etiquetado privado 40

Vender su producto 42

Consejos internos 45

CAPÍTULO 3: Bienes raíces 48

¿Qué es BRRRR?...48

Comprar...49

Rehabilitación 51

Rentar 52

Refinanciar 52

Repetir 53

Cómo ganar $100,000 por año usando la estrategia BRRRR 54

CAPÍTULO 4: Invertir en opciones 57

Qué son las opciones 57

Tipos de opciones 58

Cómo analizar la bolsa 59

Cómo implementar esos intercambios 62

Puntos clave 67

CAPÍTULO 5: eBooks 69

Cómo comenzar 70

Encuentre un mercado 71

Descubra lo que ese mercado quiere 74

Déselos 75

CAPÍTULO 6: Sitios de membresía 88

Beneficios del sitio de membresía 88

Cómo crear un sitio de membresía gratis 89

Configurando el sitio 91

Configurando PayPal 97

Botones de pago 100

Cómo configurar el contenido solo para miembros 103

Conseguir miembros 104

Miembros felices, vida feliz 106

Cómo ganar $100,000 por año con un sitio de membresía 107

CAPÍTULO 7: Bloging 109

¿Por qué deberías crear tu blog? 109

Cómo crear un blog 110

Creando Contenido Valioso..118

Crear un logotipo y una marca 119

Cómo monetizar su blog..120

El blog de seis cifras 123

Proyector experto 124

CAPÍTULO 8: Sitios de autoridad..............................127

¿Qué es un sitio de autoridad?....................................127

Cómo identificar un mercado......................................129

Cómo obtener un gran contenido 131

Escribiendo el suyo propio 131

Outsourcing 131

Herramientas 132

Cómo monetizar su sitio 133

Clientes Potenciales Directos..................................133

Afiliados 133

Sugerencias de expertos 133

CAPÍTULO 9: Bienes raices digitales 135

Cómo hacer dinero volteando sitios web....................135

Estacionamiento de nombre de dominio....................136

Cómo revender un sitio web..139

Desarrollando su propio sitio web 142

Qué hay en un nombre (de dominio)..........................146

Cree su propio sitio para vender................................151

Indexación..153

Llevar su sitio web al mercado 155

    Vender su sitio..155

Paginas Web de seis cifras 160

Caso de estudio 163

CAPÍTULO 10: Oro y plata..164

Cómo funciona 164

Cómo hacer $ 100,000 con oro y plata...............................167

Puntos clave 168

¿Negociando Plata para Bienes Raíces?...............................168

CAPÍTULO 11: Inversión en dividendos................................174

Métrica de inversión en dividendos 174

Plan de dividendos de $100,000...176

CAPÍTULO 12: Empresas de regalias..................................178

¿Qué es una compañía de regalías?..178

¿Por qué las empresas de regalías son una oportunidad única para los
inversores?...180

CAPÍTULO 13: Otras estrategias de ingresos pasivos................184

Crear software..184

REITs..186

Conclusión 188

PREFACIO

Este libro es acerca de la libertad. Es mi misión personal liberar a tanta gente de la carrera de ratas como sea posible. Cuando me acerqué a los expertos sobre lo que leerá en este libro, al menos la mitad respondieron diciendo: "Mi conexión puede ser un poco irregular, actualmente estoy en una isla en Filipinas". O "Estoy en un viaje de un año por Estados Unidos y América Central con mi familia. "¿Saben por qué pueden vivir ese estilo de vida? ¡Porque han aprendido a generar ingresos pasivos!

"El problema con la carrera de ratas es que, incluso si ganas, sigues siendo una rata." – Lily Tomlin

Han vencido "al sistema" y ahora viven de la manera en que ELLOS quieren vivir. Nadie les dice qué hacer, no tienen que pedirle a su jefe tomar un descanso, y no están atados a una ciudad que no les gusta solo porque su trabajo está allí. Lo que es aún mejor, entrevisté a 12 de estos expertos en ingresos pasivos y todos estuvieron de acuerdo en compartir sus secretos aquí en este libro. Todo lo que se requiere de usted es ACCIÓN.

"Muchos pasos en falso se han hecho parándose quietos." – Gelleta de la fortuna

No leería este libro si no quisiera que algo cambie. El problema es que la mayoría de la gente quiere cambios, pero nunca cambian nada. ¿Cómo puede cambiar su vida si no hace nada para cambiarla? Rompa el molde y cambie su vida. Ponga en práctica las siguientes estrategias y vea qué sucede.

"Si haces lo que siempre has hecho, serás lo que siempre has sido." – Matt Hasselbeck, ex quarterback de la NFL

INTRODUCCIÓN

¿Qué es el ingreso pasivo?

Ingresos pasivos: ¡ganar toneladas de dinero sin hacer nada! ¿Verdad?

Esa parece ser la definición clásica que muchos emprendedores entusiastas creen, y no ayuda que el Servicio de Rentas Internas (IRS) defina el ingreso pasivo como "Ingresos que solo pueden ser generados por una actividad pasiva". Gracias por toda la información, IRS.

Sé lo que está pensando: "¡Realizo actividades pasivas todo el tiempo! De hecho, estoy sentado en mi sofá ahora mismo". Imagínense qué gran ingreso pasivo es la manera en que la gente piensa al respecto. Es domingo, está sentado en su sofá comiendo papas fritas, mirando el gran juego. Mientras tanto, la gente tira dinero por sus ventanas; ¡Todo lo que tiene que hacer es agacharse para no ser golpeado en la cabeza con todo ese dinero!

Lamentablemente, el IRS establece que solo hay dos fuentes de ingresos pasivos:

1. Una actividad de renta, o

2. Un negocio en el que el contribuyente no participa materialmente.

Que feo. ¡No veo el estar sentado en el sofá listado en ninguna parte! Ninguna organización en el mundo sabe cómo poner un freno a sus sueños como el IRS, ¿está de acuerdo? El segundo punto en su definición me parece particularmente interesante. "Un negocio en el que el contribuyente no participa materialmente". Esto de hecho continúa grabando en nuestro cerebro que el ingreso pasivo es tan fácil, que ni siquiera tiene que participar. "¡Hombre, si puedo comprar el producto correcto, lo haré todo por mí mismo y solo tendré que cobrar los cheques!"

Entonces, ¿qué es exactamente el ingreso pasivo? La definición más simple de ingreso pasivo es hacer algo una vez y cobrar por ese "algo" una y otra vez, como escribir un libro. Pasa todo el tiempo redactando el libro por adelantado, pero una vez que el libro está terminado, recoge los cheques cada vez que se vende, sin que se requiera ninguna otra acción.

Lo que esa definición no le dice es que muchas veces, la parte de "hacer algo una vez" puede llevar semanas, meses, años e incluso décadas en algunos casos. Además, la mayoría de las veces, realmente requiere cierto trabajo continuo.

Sin embargo, creo que hay una segunda definición de ingreso pasivo. Para mí, el ingreso pasivo representa la libertad. Por supuesto, todos quieren hacer algo una vez y cobrar por ello una y otra vez, pero no todos los flujos de ingresos pasivos que menciono en este libro funcionan de esa manera. De hecho, en realidad no hay muchas corrientes de ingreso verdaderamente pasivas. El ingreso pasivo se trata más de un estilo de vida. Es tener libertad para hacer lo que quiere hacer y trabajar cuando quiere trabajar.

Por qué necesita ingreso pasivo AHORA

Millones de personas pasan toda su vida trabajando en un trabajo "normal" que odian. La peor parte es que hacen esto solo para sobrevivir. Si los despiden o tienen una emergencia, ¿entonces qué? El cheque de sueldo del pago no deja margen de maniobra para lo inesperado.

No hemos sido educados sobre la creación de riqueza, sobre el dinero, sobre el ingreso pasivo, sobre la libertad financiera. ¿Por qué? Nuestro sistema educativo se basa en el modelo prusiano del siglo XIX: está diseñado para crear soldados de infantería y trabajadores de fábricas que sigan ciegamente las "reglas" y no se esfuercen por salir

2

de lo que se considera "normal". Este modelo nos ha enseñado a obtener un "buen trabajo" y trabajar duro por nuestro dinero.

Es por eso que millones de personas intercambian su tiempo por dinero. Hacen su "trabajo" durante un mes o dos semanas, y luego se les paga por ese trabajo. Si quieren que les paguen nuevamente, tienen que volver a trabajar. Continúan repitiendo este proceso durante toda su vida sin conocer los secretos de la creación de riqueza o los ingresos pasivos.

Pero, ¿qué sucede cuando su empresa le dice que lo están despidiendo? Más importante aún, ¿qué le sucede a su familia? ¡Odio darle la noticia, pero a la gran corporación para la que trabaja no le importa una mierda! Fingen que les importa cuando la compañía está ganando dinero, pero ¿qué es lo primero que hacen cuando los números van para el otro lado? ¿Cuándo fue la última vez que obtuvo un buen aumento? ¿Qué tal una bonificación?

Sin embargo, sé que no está preocupado por eso. Ha estado guardando buena parte de tu cheque en su cuenta de jubilación, o tal vez tiene una buena pensión esperándolo. Pero, ¿realmente puede confiar en eso para ayudarle a sobrevivir? Si lo despiden o quiere jubilarse temprano, recibirá un golpe masivo en honorarios y multas por tratar de obtener SU dinero.

¿Qué pasa con la seguridad social, los fondos de pensiones u otros programas patrocinados por el gobierno? ¿Puede contar con el gobierno para financiar su jubilación? Esto es lo que Simon Black, editor del boletín "Sovereign Man", tiene que decir sobre eso...

" Los gobiernos de todo el mundo están en una situación similar a la de Madoff en este momento con sus propios esquemas Ponzi del sector público. Ante las subastas fallidas, la disminución de la demanda y el aumento de los rendimientos, los políticos deben recurrir a medidas desesperadas."

" Este es un acto verdaderamente despreciable y equivale a robo, simple y llanamente. En toda Europa, los gobiernos están patrocinando nuevas campañas de mercadeo que sugieren que es deber patriótico de las personas comprar la deuda del gobierno."

" El Reino Unido, que está alcanzando rápidamente el estado de deuda de la república bananera, ha presentado un plan para emitir aproximadamente $50 mil millones en bonos de infraestructura. Dado el nivel de deuda ya colosal de Gran Bretaña, los inversores privados no están exactamente metiéndose de cabeza para prestar al gobierno aún más dinero."

" Sin inmutarse, el canciller británico, George Osborne, planea 'alentar mucho' a los fondos de pensiones del Reino Unido para que absorban aproximadamente el 60% del monto total."

"'Tenemos que asegurarnos de que los ahorros británicos en fondos de pensiones se empleen aquí y el dinero de los contribuyentes británicos sea bien utilizado', dijo. En otras palabras, 'vamos a asegurarnos de que los británicos compren nuestra basura'. De una manera u otra."

"En el último año, numerosos fondos de pensiones en todo el mundo, desde Estados Unidos hasta Argentina y Hungría, fueron atacados por mantener estos esquemas Ponzi. El Reino Unido ya se está preparando para ser el próximo. Es uno de los últimos actos de un gobierno verdaderamente desesperado para comenzar a dirigir los ahorros públicos y privados en sus esquemas Ponzi."

Simon Black, SovereignMan.com

Además, ya sea que lo sepa o no, gran parte de la fuerza de trabajo está en peligro de perder sus empleos por robots o máquinas. La inminente adquisición de TI ha estado en obras durante décadas, y el ritmo se está acelerando. Los expertos creen que el rápido desarrollo de la tecnología alcanzará su punto máximo en los próximos 50-100 años. La humanidad nunca ha avanzado más en tecnología que donde estamos ahora. Quizás el 75% de los trabajos desaparecerán en 50 años.

Ningún trabajo existente a futuro, sin excepción, es seguro. Las computadoras están siendo programadas para pensar exactamente como los humanos. ¿Recuerda a Watson, la computadora de IBM que compitió en Jeopardy contra ex ganadores? Él los destruyo y se llevó a casa el primer premio de un millón de dólares. Watson fue programado para pensar como un humano y superó consistentemente a los oponentes humanos en el dispositivo de señalización.

Los robots o los humanos asistidos por computadora producen bienes y servicios de manera más económica y eficiente que los humanos. En nuestro sistema capitalista, los robots superarán a sus contrapartes humanas ya que las compañías que deciden usar tecnología emergente dominan el mercado con mayores ganancias y crecimiento acelerado. El capital mundial se está moviendo a pasos agigantados hacia la automatización y lejos de invertir en mano de obra humana, simplemente porque produce un mejor ROI.

¿Cuál es la solución? Debe trabajar para obtener ingresos pasivos AHORA, antes de que le ocurra un desastre. Deje de intercambiar su tiempo por dinero. Cuanto más tiempo siga haciendo eso, más tiempo permanecerá en la carrera de ratas. Tiene que cambiar su forma de pensar sobre el dinero y reconectar su cerebro. Debe dejar de comprar cosas para impresionar a las personas que no le importan con dinero que no tiene.

"El ingreso anual de veinte libras, el gasto anual de diecinueve y seis, la felicidad del resultado. El ingreso anual de veinte libras, el gasto anual de veinte libras debe y seis, la miseria del resultado." — Charles Dickens, David Copperfield

¿Quieres ser rico? Gaste menos de lo que gana e INTELIGENTEMENTE invierta la diferencia.

"Con cada dólar que entra en Su mano, tiene una ELECCIÓN. Si es inteligente, ¡usará ese dólar para comprar un ACTIVO! Una vez que un dólar entra en su columna de activos, se convierte en su empleado. Lo mejor del dinero es que funciona para usted las 24 horas del día... ¡durante generaciones!!" —Robert Kiyosaki

Cash flow pattern of a wealthy person

The rich spend less
than they earn, they
invest the difference
in cash-producing
assets that bring
them an income
month after month.

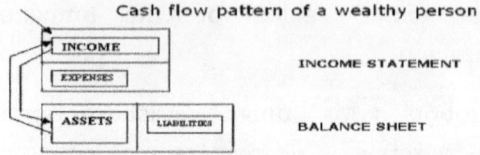

INCOME		
EXPENSES		INCOME STATEMENT
ASSETS	LIABILITIES	BALANCE SHEET

The poor spend more
than they earn, and
buy liabilities that
cost them money
month after month.

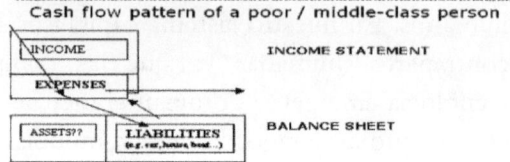

Cash flow pattern of a poor / middle-class person

INCOME		INCOME STATEMENT
EXPENSES		
ASSETS??	LIABILITIES (e.g. car, house, boat...)	BALANCE SHEET

Ingreso pasivo para el estilo de vida que desea

Hoy en día, los empresarios de ingresos pasivos están estableciendo negocios en el hogar en todo el mundo, donde quieran, y están aportando de $3,000 a $100,000 por mes en ingresos pasivos. Estas personas trabajan mucho menos que las personas con trabajos "normales" y ganan mucho más. Pueden levantarse y viajar cuando lo deseen. Los flujos de ingresos que han establecido continúan haciendo dinero para ellos, ya sea que estén trabajando o no.

"Un escritorio es un lugar peligroso desde el cual ver al mundo." – John Le Carre

No más trabajar para un jefe infeliz cuyo principal objetivo es hacer que la vida de todos los demás sea tan miserable como la de ellos. No más compañeros de trabajo que constantemente regañan y se quejan de todo. No más sentarse en el tráfico durante horas y horas para ir a un trabajo que odia, rodeado de gente que no le gusta, trabajando para una empresa que le importa un bledo. Ya no le obligaran a vivir en una ciudad que odia solo porque su "trabajo" está ahí.

Imagine poder ELEGIR dónde desea vivir. No más que el recaudador tome su dinero si no quiere que lo haga. Puede mudarse a un país que no tiene impuesto a la renta. Sí, los lugares existen realmente sin impuestos. Por ejemplo, Seychelles, un archipiélago de 115 islas ubicado en el Océano Índico, NO TIENE IMPUESTOS.

De hecho, puede vivir en una hermosa isla en el medio del océano y conservar TODO su dinero. ¿No suena loco?

"Su tiempo es limitado, así que no lo desperdicie viviendo la vida de otra persona."
– Steve Jobs

Todas las estrategias que menciono en este libro se pueden hacer desde cualquier parte del mundo. Todo lo que necesita es una conexión a Internet.

La mentalidad que necesita para crear ingresos pasivos

Generar riqueza, ser financieramente libre, crear ingresos pasivos: si quiere todas estas cosas, solo hay una cosa que tiene que hacer: RESOLVER LOS PROBLEMAS DE LA GENTE. ¡Es realmente así de simple! Piénselo: todos en el mundo tienen un problema (la mayoría de nosotros tenemos mucho más de uno, pero este libro no tiene suficientes páginas para hablar de todos esos problemas). Sin dinero, problemas de salud, problemas de peso, donde vivir, depresión: la lista sigue y sigue. ¿No le daría dinero a alguien si pudieran ayudarle con su lucha contra la pérdida de peso? ¿Qué pasa si alguien crea un producto que hace su vida más fácil? ¿Qué pasa si alguien le proporciona una vivienda? Si puede crear VALOR, si realmente puede AYUDAR A OTROS, la gente le pagará por ese servicio. *"La vida es para hacer un IMPACTO, no es solo para hacer INGRESOS"* — Sivaprakash Sidhu

En el libro de Mark Anastasi, "The Laptop Millionaire", tiene una sección fantástica sobre cómo definir exactamente qué es el "dinero". En él, afirma: *"el dinero no es más que la medida del valor que creas para otras personas". Esto significa, por supuesto, que el dinero fluye a las personas que están proporcionando la mayor cantidad de valor."*

Me encanta esta definición ya que suena tan verdadera. Piense en algunas de las personas más ricas del mundo. Por ejemplo, Bill Gates y Paul Allen, los fundadores de Microsoft, tienen un patrimonio combinado de más de $97 MIL MILLONES de dólares. El dinero en sus cuentas bancarias es una representación exacta de cuánto valor han creado y entregado.

Jeff Bezos, el fundador de Amazon; Mark Zuckerberg, el fundador de Facebook; Sam Walton, el fundador de Wal-Mart; ¿Qué tienen todos ellos en común (aparte de ser asquerosamente ricos)? ¡Todos resolvieron los problemas de millones de personas! Desde facilitar la compra hasta crear nuevas formas de conectarse entre sí, se trata de la misma idea: ayudar a las personas a satisfacer una necesidad o resolver un problema. Entonces quiere ganar dinero como Bill Gates o Mark Zuckerberg, ¿verdad? A partir de ahora, quiero que deje de pensar: "¿Cómo puedo ganar más dinero?". En lugar de eso, piense: "¿Cómo puedo crear más valor para más personas?". Una vez que su modo de pensar haya cambiado, se sorprenderá de cómo el dinero continuamente fluye a su manera en función del valor que crea.

Lo único que este libro no puede hacer por usted es tomar medidas. Una de las preguntas más comunes que escucho es: "Si esto es realmente tan bueno, ¿por qué no lo hacen todos los demás?" La respuesta es la naturaleza humana. La gente tiene miedo de los cambios. Temen salirse de su zona de confort. CUALQUIERA puede implementar casi todas estas estrategias. La clave es: ¿cuándo comenzará?

"Cuando te encuentres del lado de la mayoría, es hora de hacer una pausa y reflexionar." – Mark Twain

Recuerde, si no está contento con su vida, puede cambiarla. Pero si nunca toma medidas, nada cambiará. Pruebe algo de este libro HOY. Si espera, quizás nunca comience y se quedará dónde está para siempre. NECESITA esto, y lo necesita AHORA.

"Mañana se convierte en nunca." – Timothy Ferriss

CAPÍTULO 1:

Publicación directa de Amazon Kindle

Amazon es el minorista en línea más grande del mundo. Amazon Kindle es el eReader más popular en el mercado hoy en día, con diferencia. Combine los dos y crea un lugar perfecto para los solicitantes de negocios en línea que desean crear ingresos pasivos mediante la venta de libros en Amazon Kindle.

Encontrar un nicho

Busque en la tienda Kindle y compruebe los mejores vendedores. Esta es una lista de los libros más vendidos que se encuentran actualmente en Kindle. Esta es una información extremadamente valiosa, porque muestra los mercados candentes donde las personas ya están gastando su dinero.

Otra forma de tener una idea de los temas exitosos es ver las categorías. Si va a Amazon> Comprar por departamento> Libros y audibles> Libros Kindle, verá una lista completa de categorías en el lado izquierdo de la página. Haga clic en "No ficción" para no ver los libros de ficción.

Aquí es donde hace clic y comienza a intercambiar ideas sobre temas. Intente encontrar 12 o más temas que le interesen. Incluso más específicamente, mire las palabras clave de los libros populares y anótelos. En la captura de pantalla anterior, algunos ejemplos de palabras clave populares serían "Millonario" o "Guerra" o "Dinero". En una lista de los 20 principales, podría expandir aún más. Había un libro sobre metabolismo, uno sobre ensaladas, y otro sobre cambiar sus hábitos.

Todavía no está llegando a su nicho. En este punto, solo está encontrando su amplio mercado objetivo.

Investigación de mercado

Un error común que cometen los nuevos empresarios es crear productos que creen que se venderán. Invierten horas en investigar el tema, crear el producto y publicarlo a la venta solo para descubrir que no se vende en absoluto.

Puede publicar un libro de calidad de best-seller del New York Times que tenga un gran tema, una gran portada y un gran contenido, pero si no hay mercado para él, no le hará ganar mucho dinero. Encuentre el mercado primero. Cree el producto en segundo lugar.

Encontrar las mejores palabras clave

Su primer paso en el proceso de investigación de mercado es encontrar la palabra clave o frase exacta que las personas buscan en

10

Amazon. Siempre asegúrese de hacer esta búsqueda en la tienda Kindle, no en el mercado más grande de Amazon. De lo contrario, estás investigando productos físicos en lugar de libros, y eso lo arrojará lejos de lo que necesita.

Kindle Store ▾

Computers
Courses
Credit and Payment Cards
Digital Music
Electronics
Gift Cards
Grocery & Gourmet Food
Handmade
Health, Household & Baby Care
Home & Business Services
Home & Kitchen
Industrial & Scientific
Kindle Store
Luggage & Travel Gear
Luxury Beauty
Magazine Subscriptions
Movies & TV
Musical Instruments
Office Products
Patio, Lawn & Garden

Una vez que haya seleccionado Kindle Store, deseará escribir su palabra clave en la barra de búsqueda. Amazon proporcionará automáticamente sugerencias de búsquedas populares que las personas están escribiendo. Esta es información extremadamente valiosa para descubrir cuáles son los temas candentes y dónde está la demanda.

En nuestra investigación de palabras clave anterior, identificamos "millonario" como un tema potencial. Escribamos eso en la barra de búsqueda y veamos qué surge.

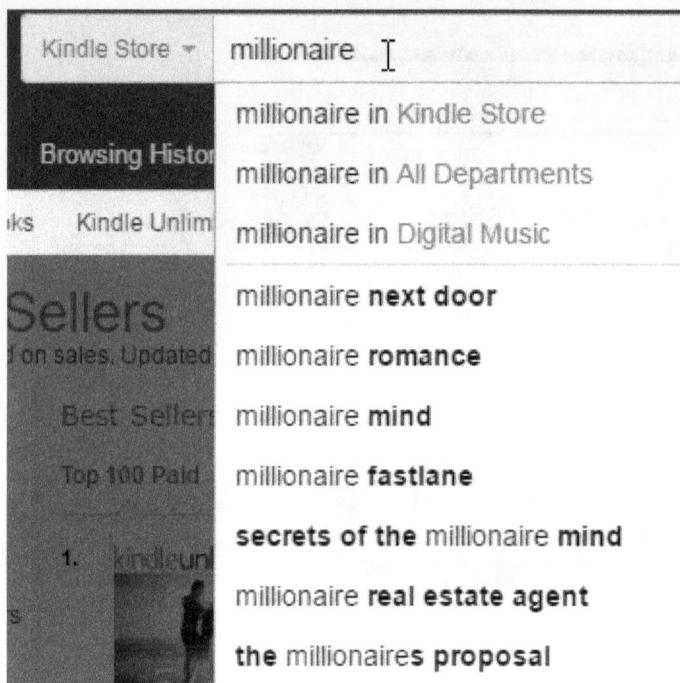

Ahora tiene una lista de siete posibles subtemas que usted sabe que las personas están buscando activamente para que base su libro.

Digamos que avanza y usa "fastlane millonario" como su palabra clave. Si escribe eso, verá que hay 57 resultados en la Tienda Kindle para esas palabras clave. Cuantos más libros, más competencia, y más difícil será clasificar en la parte superior de esta lista. Mientras menos competencia, más fácil será llegar a la cima, pero no se desanime por los miles de resultados. Después de todo, Amazon sugirió esas palabras clave porque son populares y comunes.

Puede analizar los resultados de búsqueda con más cuidado para una mejor idea de su competencia futura. Recuerde, las personas que buscan algo normalmente eligen entre los mejores resultados 3-5, por lo que es donde usted quiere estar. Analice los mejores resultados. Si son listados débiles, con pocas o desfavorables revisiones, puede superarlos fácilmente y hacerse el número uno en el listado.

Lo más importante de que preocuparse aquí es la fuerza y la calidad de esos primeros pocos libros Kindle para sus palabras clave elegidas, así que no se concentre en toda la lista tanto como esos primeros cinco espacios.

Encuentre lo que se vende

Puede verificar si los principales 3-5 productos de resultados de búsqueda realmente se están vendiendo. Para este paso de la investigación, debe centrarse en libros que tengan un precio similar al del libro que desea vender y con un número razonable de revisiones. Nos ceñiremos a un rango de $2.99 - $3.99 para esto y evitaremos los libros que se venden por $12 y tenemos cientos de reseñas. Los editores de esos libros probablemente tengan medios que usted, como individuo, no tenga.

Usando nuestra palabra clave "millonario fastlane" desde antes, elegí un libro con un precio de $2,99 con solo unas pocas reseñas. Para saber si este libro está ganando dinero, desplácese hacia abajo a la sección Detalles del producto.

Product Details

File Size: 634 KB
Print Length: 24 pages
Simultaneous Device Usage: Unlimited
Publication Date: January 22, 2016
Sold by: Amazon Digital Services LLC
Language: English
ASIN: B01AZFIOGG
Text-to-Speech: Enabled
X-Ray: Not Enabled
Word Wise: Enabled
Lending: Enabled
Enhanced Typesetting: Enabled
Amazon Best Sellers Rank: #1,012,664 Paid in Kindle Store (See Top 100 Paid in Kindle Store)
  #2342 in Kindle Store > Kindle Short Reads > 45 minutes (22-32 pages) > **Self-Help**
  #2553 in Kindle Store > Kindle Short Reads > 45 minutes (22-32 pages) > **Business & Money**
  #4471 in Kindle Store > Kindle eBooks > Business & Money > Entrepreneurship & Small Business > **Entrepreneurship**

Todos los libros que se encuentran en Kindle Store se clasifican según su nivel de ventas. Este, por ejemplo, está clasificado como #1,012,664. Lo mejor es buscar libros que estén clasificados como

#100,000 o mejor. Con base en la investigación líder de la industria, si un libro se clasifica en los primeros 100K, se vende a $2,99 y con un 70% de regalías, probablemente esté ganando alrededor de $50 por mes. Si ese libro está clasificado entre 10,000 y 50,000, podría estar ganando cientos de dólares por mes al mismo precio.

Con uno de los mejores resultados que se clasifica solo en el n.° 1.012.664, puede que no valga la pena publicar un libro con estas palabras clave. Para estar seguro, puede investigar algunos otros de los mejores resultados con precios similares. Si esos no se están vendiendo bien tampoco, puede ser mejor intentar su próxima palabra clave.

Probemos con otra frase de búsqueda, como "dieta alta en proteínas y baja en carbohidratos". Cuando empiezo a escribir las palabras clave, Amazon sugiere una serie de búsquedas populares, incluida la palabra clave que estamos investigando. Este es un signo muy positivo.

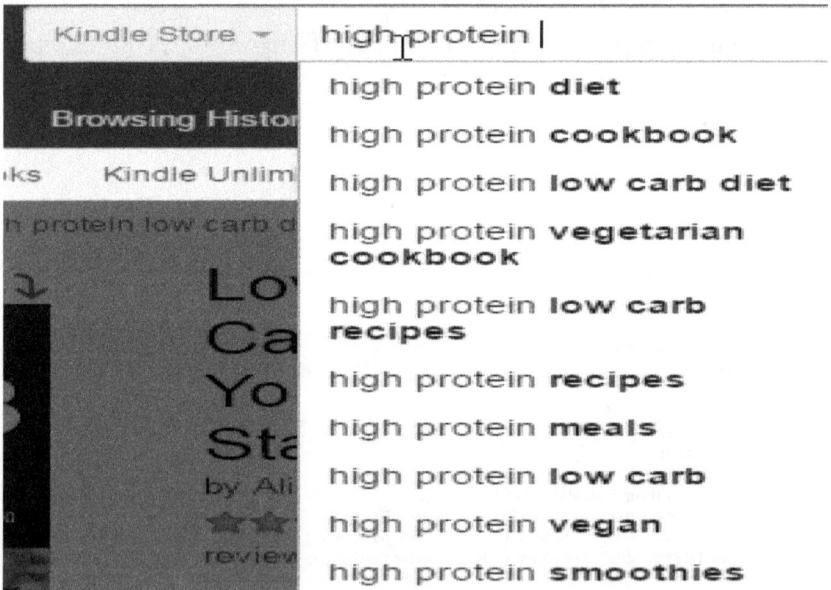

Escribí "dietas bajas en proteínas y bajas en carbohidratos" y obtuve 388 resultados de búsqueda. Examinemos libros con precios similares y con reseñas y veamos si este tema tiene potencial.

El primer libro que surgió tiene los detalles del producto de la siguiente manera:

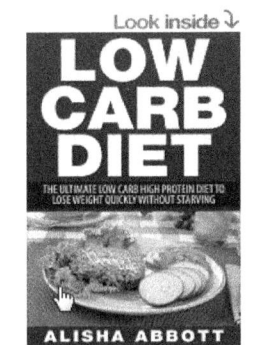

Look inside ↓

LOW CARB DIET
THE ULTIMATE LOW CARB HIGH PROTEIN DIET TO LOSE WEIGHT QUICKLY WITHOUT STARVING

ALISHA ABBOTT

READ ON ANY DEVICE
› Get free Kindle app

Low Carb: The Ultimate Low Carb High Protein Diet To Lose Your Weight Quickly without Starving Kindle Edition

by Alisha Abbott ▾ (Author), John McKerihan (Editor)

☆☆☆☆☆ ▾   32 customer reviews

› See all formats and editions

Kindle
$0.00 kindleunlimited

This title and over 1 million more available with Kindle Unlimited
$3.45 to buy

Welcome to the Low-Carb Recipes Cookbook. What is the Lo Carb?

The low-carb, high-protein diet is a simple, healthy way to los weight and feel better. Enjoy the best health of your life, and

Product Details

File Size: 2464 KB
Print Length: 111 pages
Simultaneous Device Usage: Unlimited
Publisher: Aston Publisher (October 26, 2015)
Publication Date: October 26, 2015
Sold by: Amazon Digital Services LLC
Language: English
ASIN: B0177ZN1M4
Text-to-Speech: Enabled ☑
X-Ray: Not Enabled ☑
Word Wise: Enabled
Lending: Enabled
Enhanced Typesetting: Enabled ☑
Amazon Best Sellers Rank: #86,986 Paid in Kindle Store (See Top 100 Paid in Kindle Store)
　　#25 in Books > Cookbooks, Food & Wine > Special Diet > **High Protein**
　　#95 in Kindle Store > Kindle eBooks > Health, Fitness & Dieting > Diets & Weight Loss >
　　#97 in Kindle Store > Kindle eBooks > Cookbooks, Food & Wine > Special Diet > **Low C**

Clasificado como n.° 86,986. Eso se ajusta a nuestros criterios, por lo que las cosas se ven bien. Este libro probablemente gana más de $100 por mes. No base sus resultados en un libro: continúe examinando los próximos tres o cuatro para obtener una imagen sólida del mercado para este nicho.

El segundo libro también produjo buenos resultados.

Look inside ↓

SARAH E. DAWSON

LOW CARB &
HIGH PROTEIN
Diet

How to Lose 7 Pounds in 7
Days Without Starving

READ ON
ANY DEVICE

> Get free Kindle app

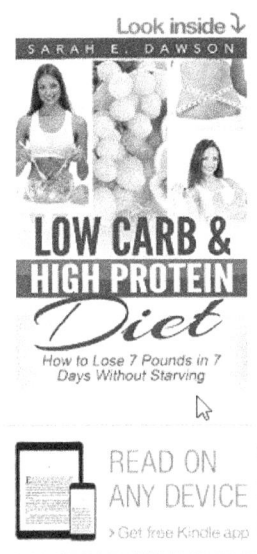

Low Carb: Low Carb High Fat Diet - How to Lose 7 Pounds in 7 Days with Low Carb and High Protein Diet Without Starving! (low carbohydrate, high protein, ... carb cookbook, ketogenic diet, paleo diet) Kindle Edition

by Sarah E. Dawson ▼ (Author), Shane Low Carb (Introduction)

☆☆☆☆☆ ▼   25 customer reviews

› See all 4 formats and editions

Kindle	Paperback
Kindle	Paperback
$0.00 kindleunlimited	$9.99
This title and over 1 million more available with Kindle Unlimited $0.99 to buy	4 Used from $6.00 3 New from $9.99

Product Details

File Size: 2574 KB
Print Length: 64 pages
Simultaneous Device Usage: Unlimited
Publication Date: May 2, 2015
Sold by: Amazon Digital Services LLC
Language: English
ASIN: B00X2CGMV4
Text-to-Speech: Enabled ☑
X-Ray: Not Enabled ☑
Word Wise: Enabled
Lending: Enabled
Enhanced Typesetting: Enabled ☑
Amazon Best Sellers Rank: #55,783 Paid in Kindle Store (See Top 100 Paid in Kindle Store)
        #1 in Kindle Store > Kindle eBooks > Nonfiction > Sports > **Rodeos**
        #3 in Books > Sports & Outdoors > **Rodeos**
        #12 in Books > Cookbooks, Food & Wine > Special Diet > **High Protein**

Este viene en el ranking incluso mejor en el n.° 55.783.

En busca del resultado #3:

Look inside ↓

HIGH PROTEIN LOW CARB DIET
Lose Weight Effortlessly
& Permanently

Jennifer Jenkins

READ ON
ANY DEVICE
> Get free Kindle app

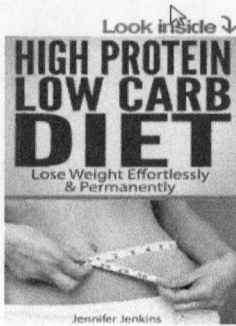

High Protein Low Carb Diet: Lose Weight Effortlessly & Permanently Kindle Edition

by Jennifer Jenkins ▾ (Author)

★★★★☆ ▾ 70 customer reviews

▸ See all 5 formats and editions

Kindle	Paperback
$0.00 kindleunlimited	$12.99
This title and over 1 million more available with Kindle Unlimited $2.99 to buy	10 Used from $11.04 20 New from $8.79

If you're trying to lose weight for the first time (or for long time now), this may be the most important book you'll ever read...

Unlike other diet books, the *High Protein Low Carb Diet* g

Product Details

File Size: 2046 KB
Print Length: 44 pages
Publication Date: January 26, 2014
Sold by: Amazon Digital Services LLC
Language: English
ASIN: B009S9VRS8
Text-to-Speech: Enabled ⊠
X-Ray: Enabled ⊠
Word Wise: Enabled
Lending: Enabled
Enhanced Typesetting: Enabled ⊠
Amazon Best Sellers Rank: #284,482 Paid in Kindle Store (See Top 100 Paid in Kindle Store)
　　#89 in Books > Cookbooks, Food & Wine > Special Diet > **High Protein**
　　#280 in Kindle Store > Kindle eBooks > Cookbooks, Food & Wine > Special Diet > **Low Carb**
　　#455 in Kindle Store > Kindle Short Reads > 90 minutes (44-64 pages) > **Cookbooks, Food & Wine**

Esta viene clasificada fuera de nuestros criterios en n.° 284,482, por lo que probablemente no esté ganando demasiado dinero. Podemos conformarnos con libros clasificados fuera de 100,000 si tienen un precio ligeramente más alto que nuestro precio objetivo de $2.99. Si un libro tiene un puntaje de 150,000, pero tiene un precio de $3,99, ese libro aún puede ganar más de $100 por mes.

Tenemos dos de tres que estaban en nuestros criterios. Este podría ser un buen mercado para seguir, pero no tenga miedo de seguir buscando una palabra clave que resulte positiva para los primeros cinco resultados.

También debe analizar los resultados de búsqueda de otros factores. Vea el número de páginas, el número de reseñas de cinco estrellas, etc. Si un libro de mayor venta con su palabra clave tiene 300 páginas, será difícil para usted crear una alternativa rentable con un libro de 50 páginas.

Si el libro #3 tiene 24 reseñas, pero solo se clasificaron en tres estrellas, usted sabe que puede hacerlo mejor que ellos, así que ¡adelante! Cree una mejor portada, obtenga un título más llamativo, obtenga más reseñas excelentes, agregue más páginas, etc. Estas son todas las cosas que puede hacer para que su libro se destaque.

Crear un gran título y una portada que venda

Su libro se venderá en función de algunos factores importantes: título, portada y reseñas. Cuando las personas buscan un libro para leer, es probable que no tengan ni idea de quién es y no tienen idea de si su libro es basura u oro. Ellos basan su decisión únicamente en si su libro se destaca del resto.

Título

Debe tener su palabra clave principal en el título de su libro. Amazon incluso clasificará mejor su libro en función de qué tan temprano aparezca la palabra clave en el título. La optimización de palabras clave, al igual que la optimización del motor de búsqueda, es el factor más importante en sus títulos. Ponga sus palabras clave al principio.

También puede agregar palabras clave relacionadas a su título. De esta forma, obtendrá una clasificación más alta para todas las palabras clave similares además de sus palabras clave principales. Esta estrategia puede aumentar sus ventas dramáticamente. Por ejemplo, si su palabra clave principal es "dieta baja en proteínas y alta en carbohidratos", ponga eso como sus primeras cinco palabras, pero luego agregue algo relacionado. Un gran título para este tema sería "Dieta alta en carbohidratos y baja en carbohidratos: recetas sencillas altas en carbohidratos y bajas en carbohidratos para ayudarlo a perder peso". Ahora su libro tendrá la clasificación de su palabra clave principal, y también clasificará para una palabra clave secundaria como "Recetas altas en proteínas y bajas en carbohidratos" o "recetas bajas en carbohidratos". No tema aumentar el título para ser más descriptivo.

Portada

La mayoría de nosotros no somos muy creativos, así que no intente serlo. Para crear una portada de alta calidad que se venda, consiga a un profesional para hacerlo en fiverr.com o upwork.com. No debería costarle más de $ 5 a $ 10. Simplemente escriba "Kindle cover" en cualquier sitio y obtendrá una lista completa de las personas que crearán una cubierta para usted.

Siempre filtre estos resultados según las calificaciones. Algunas de las personas mejor calificadas cobrarán más, pero es mejor prevenir que lamentar. Si tienen miles de excelentes calificaciones, hacen un gran trabajo.

Es probable que el diseñador solicite la información que necesita de usted una vez que realiza un pedido, pero no dude en enviarles los detalles para que puedan comenzar de inmediato. Deberá enviarles el título, los subtítulos y una imagen para comenzar, si tiene una. Si no tiene una imagen, también pueden hacer eso por usted.

Los libros con imágenes tienden a vender mejor que los que no tienen. Una imagen llamativa ayudará a su libro a destacarse entre la multitud, más que a una portada que solo usa texto. Si tiene preferencia sobre las fuentes o los colores, asegúrese de decirle a su diseñador por adelantado qué fuentes y colores usar para la portada.

Creación de libros

La gente en estos días tiene períodos de atención extremadamente cortos. Los libros más cortos tienden a venderse mejor en Kindle porque la mayoría de la gente no quiere pasar demasiado tiempo leyendo un libro. Para los libros de Kindle, piense que menos es más, incluso 50 páginas están bien. Esto también limitará su costo de producción, que es clave ya que no sabemos qué tan bien se venderá un libro en particular.

La calidad de su libro no estará determinada por la duración. Hay muchos libros en Kindle Store con más de 300 páginas que no se venden en absoluto y están llenos de polvo. En lugar de longitud, concéntrese en el valor: asegúrese de que su contenido sea útil y accionable. La longitud no importa.

Si desea escribir sus propios libros Kindle, no podrá producir mucho y se encontrará luchando por generar suficiente contenido para generar un ingreso que valga la pena. Una mejor opción es hacer que un escritor fantasma escriba por usted.

Nuevamente, puede usar upwork.com o fiverr.com para esto también. Asegúrese de contratar traductores nativos de inglés para escribir sus libros. Esta es la clave. No es nada en contra de otros idiomas, pero si el inglés no es el primer idioma del escritor, aparecerá en la escritura.

Puede darles a los escritores todos los detalles que desee. Puede proporcionarles el título y el subtítulo y decirles que lo hagan, o puede proporcionarles los artículos de investigación para usar como base. De cualquier forma funcionará, siempre que elija un buen escritor basado en calificaciones.

Incluso puede llegar a proporcionar una plantilla de libro para que sigan sus escritores. Una vez que tenga algunos libros en su haber, descubrirá que esto hace las cosas mucho más fáciles porque sabrá exactamente qué esperar del producto final.

Antes de publicar su libro, querrá tenerlo formateado y corregido. A veces, el escritor fantasma se ofrecerá a hacer esto por usted, pero probablemente sea mejor tener nuevos ojos en él. Deseche otros pocos dólares y pídale a otra persona que lo formatee y lo revise por usted. Piense en cuántos errores se perdió en sus propios documentos escolares mientras crecía. Con sus libros de Kindle, no solo está obteniendo calificaciones, sino que (afortunadamente) se le paga, por lo que contratar a un corrector de pruebas o editor es una inversión valiosa.

Publicación en Kindle

El primer paso para publicar su libro en Kindle es crear una cuenta. Diríjase a kdp.amazon.com y regístrese en su cuenta. Si ha comprado artículos de Amazon anteriormente, solo tendrá que iniciar sesión.

Deberá completar toda la información requerida que solicita Amazon. Los detalles que el sitio requiere para abrir una nueva cuenta pueden variar según el lugar en el que se encuentre, por lo que no lo cubriremos aquí.

Una vez que termine de crear su cuenta y tenga todo listo, diríjase a su "Estantería". Esto es básicamente un tablero de instrumentos, como cualquier otro sitio de comercio electrónico: Amazon acaba de usar un nombre inteligente. Una vez que navegue a su estantería, haga clic en el botón "Agregar nuevo título". Esto lo llevará a una página solicitando información detallada.

Tendrá la opción de inscribir su libro en el programa KDP Select. Este es un programa para los miembros de Amazon Prime en el que pagan una tarifa y pueden "tomar prestado" un libro gratis cada mes. Todavía gana dinero cuando alguien toma prestado su libro, así que no se preocupe por perder ganancias. Inscribirse en KDP Select ayudará a que su libro tenga una clasificación más alta en los resultados, y le permite promocionar su libro por hasta cinco días cada 90 días de forma gratuita a través del programa. Solo tenga en cuenta que no podrá publicar su libro en ningún otro lado durante esos 90 días.

Detalles del libro

Paso uno: ingrese el título de su libro. Puede dejar la Edición y el Publicador en blanco. Es posible que desee seleccionar "Este libro es parte de una serie", ya que esto le permitirá crear un título de serie en el que puede agregar palabras clave adicionales para ayudar en los resultados de búsqueda.

La descripción de su libro es extremadamente importante. Las personas tomarán la decisión de comprar o no basándose casi por completo en la descripción. Si la descripción es interesante, la compran. Si es aburrido, poco inspirador e insulso, no es así. Se le permiten 4.000 caracteres en KDP para escribir su descripción, y le sugiero que use la mayor cantidad posible.

También asegúrese de incluir tantas palabras clave y palabras relacionadas como sea posible en su descripción. Esto puede impulsar su clasificación aún más.

Seudónimo

La siguiente sección es para agregar contribuyentes. Se sugiere encarecidamente que use un seudónimo para esto, a menos que haya escrito el libro usted mismo. No se sienta raro por esto, es extremadamente común entre los escritores. Incluso Mark Twain, J.K. Rowling, y George Orwell eran todos seudónimos.

Derechos de publicación

Ahora, adelante para verificar sus derechos de publicación. En este caso, dado que el libro es 100% original y usted posee todo el contenido, debe seleccionar "Esto no es un trabajo de dominio público y tengo los derechos de publicación necesarios."

Categorías

Kindle le permite seleccionar hasta dos categorías para su libro. Debe pensar detenidamente acerca de seleccionar las categorías más adecuadas para su libro en particular. Su objetivo aquí es poder clasificar entre los 100 mejores de esa categoría en particular. Si ha seleccionado una categoría muy competitiva, siempre puede regresar y cambiarla si no obtiene los resultados deseados.

También agregue sus "Palabras clave de búsqueda". Puede agregar siete palabras clave y desea usar las palabras clave del título o título de la serie, subtítulos, así como las palabras importantes que se usan en su descripción.

Subiendo la portada y el libro

Haga clic en el botón "Buscar imagen" y seleccione la portada que creó utilizando fiverr.com o upwork.com. Tendrá que asegurarse de que esté en formato .jpg. Si no, siempre puede volver con su diseñador y hacer que envíen la portada en formato .jpg.

A continuación, tendrá que cargar su libro. Verá una sección "Subir su archivo de libro" que le preguntará si desea habilitar la administración de derechos digitales o no. Si selecciona "no habilitar", otros podrán compartir su libro. Esto puede llevar a los clientes a otros libros que tiene a la venta, por lo que puede ser útil, pero no es necesario, así que siéntase libre de seleccionar la opción que desee.

Luego, verá la opción "Buscar libro". Aquí es donde selecciona su libro real. Necesitará ser un archivo .epub. Una vez que se cargue, puede obtener una vista previa y verificar que se vea bien. Después de eso, haga clic en "Guardar y continuar" para continuar.

Territorios de publicación

Después de subir su libro y presionar Guardar y Continuar, verá que solicita verificar sus territorios de publicación. Seleccione siempre "Derechos mundiales: todos los territorios" para que su libro pueda venderse en todo el mundo.

Regalías

En la sección "Elija su regalía", tendrá dos opciones: 35% de regalías y 70% de regalías. KDP pagará el 35% de regalías si su libro se vende de $0.99 a $2.98. Para la regalía del 70%, debe vender su libro de $2.99 a $ 9.99.

Obviamente, desea obtener el 70% de regalías para sus libros, pero vamos a ponerle precio a nuestros libros a $0,99 para comenzar, de modo que podamos crear revisiones y obtener algunas ventas. Una vez que tengamos buenas críticas, subiremos el precio hasta por lo menos $2,99 y posiblemente más si el libro se está vendiendo realmente bien.

Haga clic en la opción de Regalías del 35% y escriba el precio de $0,99. También debe marcar las casillas de todas las otras plataformas de Amazon para que su libro esté disponible para tantos clientes como sea posible.

Más abajo, verá "Permitir préstamos para este libro". Esto permitirá que las personas compartan su libro con familiares y amigos, lo cual es bueno para nosotros porque queremos sacarlo frente a tantos ojos como podamos.

Publicando su libro

Por último, haga clic en la casilla de verificación final para confirmar que tiene todos los derechos y que acepta los Términos y condiciones del KDP. Es una buena idea leer los Términos y condiciones para asegurarse de que cumple con sus reglas.

¡Aquí tiene! Recibirá un mensaje de que su libro se publicará y estará en línea en breve. También recibirá un correo electrónico del KDP una vez que el libro esté a la venta. ¡Bien hecho!

Su libro está publicado, ¿y ahora qué?

Ahora que su libro está publicado y disponible para la venta en Amazon, debe dirigirse a la tienda Kindle usted mismo y ver dónde se encuentra su libro actualmente cuando realice una búsqueda de sus palabras clave. No estará cerca de la parte superior en este punto, por lo que es posible que tenga que cavar unas páginas de profundidad para encontrarlo.

Deberá tomar nota de la página que aparece durante esta primera búsqueda para que pueda ver las mejoras una vez que comience a comercializar y obtenga algunas ventas. También querrá tomar nota de su clasificación actual de libros más vendidos de Amazon, que encontrará en la misma sección de detalles del producto que utilizó al realizar su investigación.

También es muy importante encontrar su ASIN (Número de Identificación Estándar de Amazon). Esto se puede encontrar en la sección de detalles de su producto también.

Product Details

File Size: 2464 KB
Print Length: 111 pages
Simultaneous Device Usage: Unlimited
Publisher: Aston Publisher (October 26, 2015)
Publication Date: October 26, 2015
Sold by: Amazon Digital Services LLC
Language: English
ASIN: B0177ZN1M4
Text-to-Speech: Enabled ☑
X-Ray: Not Enabled ☑
Word Wise: Enabled
Lending: Enabled
Enhanced Typesetting: Enabled ☑
Amazon Best Sellers Rank: #131,020 Paid in Kindle Store (See Top 100 Paid in Kindle Store)
    #39 in Books > Cookbooks, Food & Wine > Special Diet > **High Protein**
    #147 in Kindle Store > Kindle eBooks > Cookbooks, Food & Wine > Special Diet > **Low Carb**
    #156 in Kindle Store > Kindle eBooks > Health, Fitness & Dieting > Diets & Weight Loss > Diets > **Low Fat**

También debe verificar su listado y verificar que todo se vea como usted lo desea. Compruebe el título, la portada, la descripción, etc. Si necesita realizar alguna actualización, vuelva a su cuenta y realice los cambios. El libro se actualizará dentro de las 24 horas.

Luego, obtenga el enlace a su libro. El enlace para el libro de la imagen de detalles del producto anterior es el siguiente:

https://www.amazon.com/Low-Carb-Ultimate-Protein-Starving-ebook/dp/**B0177ZN1M4**/ref=pd_sim_351_2?ie=UTF8&pd_rd_i=B0177ZN1M4&pd_rd_r=1TF9KR9D3VDVEPC9VJSS&pd_rd_w=YOvjk&pd_rd_wg=ojpl0&psc=1&refRID=1TF9KR9D3VDVEPC9VJSS

Solo necesita el enlace hasta su número ASIN, que se resalta en la URL anterior. Para este libro, el enlace para su uso en los esfuerzos de marketing será https://www.amazon.com/Low-Carb-Ultimate-Protein-Starving-ebook/dp/B0177ZN1M4

Obtener reseñas

Las reseñas son posiblemente el factor de venta más importante para su libro. Si su listado no tiene reseñas, nadie lo comprará.

Tipos de reseñas

Hay dos tipos de reseñas en Amazon:

- Reseñas verificadas de Amazon

- Reseñas sin verificar

Las reseñas verificadas de Amazon son cuando alguien compra su libro de Amazon y luego deja una reseña. Puede encontrarlos en la sección de Reseñas de cualquier listado. Tendrán texto naranja en la reseña que dice "Compra verificada de Amazon". Las reseñas positivas y verificadas ayudan a que su libro tenga una clasificación más alta que una gran cantidad de reseñas sin verificar.

Las revisiones no verificadas se producen cuando una persona no compró el libro, pero aún así dejó una reseña.

Cantidad de reseñas

No hay un número mágico de reseñas que necesita para tener éxito. Todo depende de su competencia. Podría ser 15, 25, 35 o más. Verifique su competencia y vea cuántas reseñas tienen los libros más exitosos con sus palabras clave, y haga que esa sea su meta.

Cómo obtener reseñas

Orgánicamente: siempre puede sentarse y esperar a que las personas que compran su libro dejen reseñas. El mayor problema con esto es que solo 1 de cada 1,000 personas publica una reseña en un libro que compran.

Amigos/Familia: Puede pedirle a sus amigos o familiares que compren su libro y luego dejen una crítica honesta. Incluso puede enviarle el libro como regalo mediante el botón "Enviar como regalo" en la lista de su libro. Debe asegurarse de que sus reseñas cumplan con las pautas de revisión de Amazon, así que asegúrese de verificarlo.

Facebook/redes sociales: encuentre un grupo en Facebook que pueda estar interesado en su libro. Si su libro es sobre una dieta baja en carbohidratos, encuentre un grupo sobre eso, o grupos similares sobre la pérdida de peso o la buena alimentación. Luego, cree una publicación para ese grupo y ofrezca dar el libro de forma gratuita a los miembros que estén interesados en él. Los miembros interesados le enviarán un mensaje; puede enviárselos, luego hacer un seguimiento unos días más tarde solicitando una reseña honesta.

Establezca una promoción gratuita en Amazon: una vez que comience a recibir algunas críticas utilizando las estrategias anteriores, puede configurar una promoción gratuita yendo a su estantería KDP y haciendo clic en "Promover y anunciar". Tendrá la opción de usar uns " Promoción gratuita de libros ", lo que significa que su libro estará disponible hasta por cinco días de forma gratuita. Realice la fecha de inicio al menos siete días desde la fecha actual cuando la configuró. Consejo: Antes de configurar su promoción gratuita, cambie el precio de su libro de $0.99 a $2.99. Esto le dará a su libro más valor percibido cuando sea gratuito, y probablemente genere más descargas.

Todas las críticas que recibe no tienen que ser 5 estrellas. Hace que su anuncio parezca más natural si cuenta con reseñas de 4 estrellas o incluso de 3 estrellas. El objetivo es asegurarse de que su calificación general sea al menos de 4 estrellas.

Mejorando su clasificación

Además de obtener reseñas, hay algunas otras estrategias que puede implementar para mejorar su clasificación en los resultados de búsqueda de Amazon.

Amazon Lista de Deseos: en la lista de su libro, debajo del enlace "Dar Como Regalo", verá una opción para "Agregar a la lista de deseos". Cuando su libro se agrega a la lista de deseos de alguien, le dice a Amazon que la gente está interesada en este libro y que es popular. Cuantas más personas agreguen su libro a su lista de deseos, mayor será su clasificación. La gente suele usar esta lista de deseos durante las vacaciones para mostrar a los amigos o familiares los productos que desean, o como una forma de marcar los artículos para comprarlos más tarde.

Ganando $100,000 por año con Kindle

Tiene sus libros publicados. Reciben críticas, se clasifican cada vez más y obtienen algunas ventas. ¡Felicidades!

Si bien la generación de $100/por mes de un libro puede sonar grandiosa para muchas personas, generar sonidos de $1,000/mes es mucho mejor. ¡Generar $ 10,000/mes de Amazon Kindle solo suena aún mejor! Entonces, ¿cómo podemos llegar allí?

Digamos que solo quiere publicar libros de Kindle y no quiere ningún embudo de venta puerta trasera. ¡Estupendo! Eso hará que esto sea aún más pasivo una vez que obtenga sus comentarios y clasificación. Con base en el objetivo que establecimos anteriormente en este capítulo de tener un Ranking de Amazon Bestsellers de #100,000 o superior, y teniendo nuestro libro a un precio de $2.99, podemos razonablemente esperar que cada libro que publiquemos que cumpla con ese criterio genere $ 100/mes.

Con esa fórmula, necesitaríamos publicar 100 libros en Kindle que cumplan con los criterios mínimos para alcanzar nuestro objetivo de seis cifras. ¿Suena como demasiados? Recuerde, no está escribiendo estos libros; está contratando gente en upwork.com para que lo haga por usted. Eso es lo que hace que esta estrategia sea tan efectiva: es muy fácil publicar muchos libros en muy poco tiempo.

Quizá no quiera publicar 100 libros separados. Eso está bien, también. Siga leyendo.

¿No quiere publicar 100 libros?

Sé lo que está pensando, publicar 100 libros separados suena muy desalentador y no cree que sea factible. ¿Bien, adivine qué? ¡No tiene que publicar 100 libros Kindle para llegar a la meta de $100,000 por año! ¿Esperarlo? Literalmente dije que hace unos pocos párrafos, ¿le estaba mintiendo?

Bueno, en realidad no. Si desea ganar $100,000 por año con Kindle SOLAMENTE, entonces sí, probablemente tendrá que publicar cerca de 100 eBooks, pero hay un enfoque mucho mejor y más factible. Woohoo! (El lector se seca el sudor de la frente y se pone tan nervioso con 100 libros).

El secreto es transformar esos eBooks de Kindle en libros de bolsillo.

Puede pensar que los libros de bolsillo parecen demasiado oficiales y que no tiene experiencia haciendo eso, así que esto no es para usted, pero en realidad es mucho más fácil de lo que cree.

Quiero darle un pequeño vistazo a mi propio negocio editorial que genera más de $100,000 por año. Actualmente hago DUPLICAR las regalías de mis libros de bolsillo que mis versiones de Kindle. Al escribir estas líneas, tengo alrededor de $6,000 por mes en regalias de bolsillo y $3,000 por mes en regalías Kindle (¡con planes de casi duplicar en los próximos 6-12 meses!).

Entonces, usando esas estadísticas de la vida real, el asunto de los 100 libros ya no es la vara de medir. Hagamos algunas matemáticas; si nos llevara 100 libros Kindle para llegar a $100,000, pero convertimos cada eBook Kindle en un libro de bolsillo, ahora ¿cuántos libros necesitamos publicar?

100 Kindles = $100,000 ($ 100/ mes cada uno)

Si publicamos una versión de bolsillo con cada versión de Kindle, entonces, usando mis propias proporciones de la vida real de aproximadamente 2 a 1, deberíamos ganar alrededor de $300 por libro por mes ($ 100 de Kindle, $ 200 de libro de bolsillo). $300 por mes es $3,600 por año. $100,000/$ 3,600 = 27.78. ¡WHOA!

Así que ahora, en lugar de tener que publicar 100 eBooks de Kindle por separado, solo tenemos que publicar 28 libros de Kindle eBooks y crear una versión en papel de cada uno de ellos. ¿28 libros suenan un poco más razonables?

Estas estadísticas ni siquiera tienen en cuenta los audiolibros, que son EXTREMADAMENTE populares en estos días. Al momento de escribir, las regalías de mi audiolibro son 1/3 de las regalías de mi Kindle, aproximadamente $1,000 por mes. No haré las matemáticas, pero la cantidad de libros ha bajado aún más ahora. ¿Ya está emocionado!?

No entraré en detalles sobre la transformación de sus eBooks a libros de bolsillo aquí, pero consulte mi blog www.thepassiveincomemachine.com ya que tengo una publicación que explica paso a paso cómo puede convertir un libro electrónico en un libro de bolsillo. sin gastar un centavo o escribir otra palabra! Aquí está el enlace directo: http://www.thepassiveincomemachine.com/2017/06/transform-kindle-ebook-paperback-book-free/

Más formas de llegar a seis cifras

Hay aún más formas de alcanzar el objetivo de las seis cifras con Amazon Kindle. Por ejemplo, puede establecer un blog o un sitio web sobre el tema de su libro, y luego incluir un enlace a ese sitio en su libro.

Cuando comience a obtener toneladas de ventas, esos lectores apreciarán el valor que brindó en el libro y desea consultar su sitio. Aquí es donde proporciona una página de aceptación para que puedan suscribirse a su lista y recibir actualizaciones futuras sobre libros, productos, etc. relacionados con el tema. Ahora, tiene una lista de correos electrónicos de lectores interesados que tienen muchas más posibilidades de comprar su libro o producto futuro que alguien que no tiene idea de quién es usted.

Incluso puede armar una serie de libros relacionados con el mismo tema. De esta manera, cuando su primer libro se vuelve extremadamente popular y genera una buena lista de correo electrónico, envía un correo electrónico rápido a sus suscriptores para informarles que acaba de publicar un libro de seguimiento. ¡Ventas instantáneas! Las ventas se convertirán en ventas repetidas y usted ganará confianza y autoridad con estos lectores, lo que los hará querer inscribirse aún más en su sitio web.

Si alguna vez ha escuchado el marketing en Internet diciendo: "Todo está en la lista", ahora sabe lo que eso significa. He oído hablar de expertos que han recibido cientos de miles de suscriptores de correo electrónico en sus listas. ¡Eso es básicamente una licencia para imprimir dinero! Estos muchachos pueden ganar millones de dólares enviando solo un correo electrónico. Por lo tanto, si no desea publicar 100 libros (o incluso 27 con libros de bolsillo), ¡simplemente configure un sitio web y una lista de correo electrónico y observe lo que sucede!

CAPITULO 2: Amazon FBA

Amazon FBA (Cumplimiento por Amazon) es una de las oportunidades más fantásticas para empresarios. Su programa de FBA significa que literalmente se encargarán de todo: almacenamiento, envío, servicio al cliente, ¡todo el trabajo! Esto ha abierto algunas avenidas geniales para los empresarios interesados en el ingreso pasivo.

Amazon es el minorista en línea más grande del mundo. Si obtiene un producto en la lista de Amazon, ¡significa que instantáneamente gana la confianza de millones de compradores integrados!

Entrevisté al experto de Amazon FBA, Will Tjernlund, para explicar cómo funciona todo el proceso. Este hombre no solo conoce el mundo de Amazon por dentro y por fuera, sino que también vende millones y millones de dólares en productos a través del servicio de Amazon FBA. De hecho, solo en 2014, Will y su hermano vendieron $6 millones de dólares en productos en Amazon. Mejor aún, en 2015, ¡superaron eso con la friolera de $ 10 millones! ¡Eso es más de $800K por mes!

Dejar que Amazon haga todo el "trabajo pesado" ayuda a crear un negocio mucho más grande de lo que un vendedor individual podría esperar lograr por sí mismo. Puede escalar mucho más rápido y continuar dirigiendo el negocio usted mismo, incluso cuando su rango de ventas sea de millones de dólares. Esa es la belleza del servicio Amazon FBA. ¡Tome ventaja de eso!

Cómo encontrar un producto

La clave para encontrar un gran producto que se venda bien es mirar lo que ya se está vendiendo bien. Sí, puede gastar dinero en software que hará el trabajo por usted, pero ¿adivina qué? ¡Amazon ya lo hace!

Si va a Google y escribe "Vendedores de Amazon Top 100", le muestra los productos más vendidos en Amazon. Puede filtrar por cualquier departamento que desee: Artes y oficios, Electrónica, Deportes y aire libre, Suministros para mascotas, etc.

Decidí filtrar por Deportes y Exteriores y esto es lo que encontré:

Ahora, al instante, sabe que todo en esa página ya se está vendiendo como loco. Hay una lista completa de 100 productos potenciales que usted sabe que son los más vendidos.

Al analizar un mercado para un producto, Will observa la relación revisión/ingresos. Si hay $100,000 en ventas totales en la primera página de los resultados de búsqueda, y 1,000 revisiones, eso es $100 por revisión, que es una excelente proporción. Pero si hay 10,000 revisiones en la primera página y solo $100,000 en ventas, $10 por revisión no es una proporción tan fuerte. Esta es una manera muy fácil y rápida de medir dónde se encuentra el producto en su ciclo de vida y si el mercado ya está saturado.

Will utiliza JungleScout.com para su análisis. Jungle Scout es imprescindible para todos los vendedores de Amazon, ya que desglosa la competencia para cada búsqueda. Todo lo que tiene que hacer es escribir su búsqueda y luego presionar el botón Jungle Scout. Obtendrá una página completa de datos de los resultados de búsqueda. Desde los ingresos hasta el costo de las ventas diarias, tiene todos los puntos de datos que necesitará para identificar un mercado sólido.

Diríjase a mi sitio web www.thepassiveincomemachine.com y utilice el enlace Jungle Scout para obtener un 10% de descuento cuando se registre.

La clave principal para encontrar buenos productos para vender es permanecer en el nicho. No tiene sentido competir contra otros 1,000 vendedores del mismo producto. Cuando esté investigando, piensa como un comprador. Si una persona está buscando "herramientas eléctricas", no saben si realmente quieren comprar herramientas o no, simplemente están mirando alrededor. Pero si buscan "Taladro inalámbrico con batería de 12V con accesorios", es probable que NECESITEN ese taladro para un proyecto y estén buscando comprar.

Mercado para "necesidades", no "deseos". Si alguien está buscando activamente scooters de rodilla, lo más probable es que necesite el scooter debido a una lesión. No es un deseo; es una necesidad

En el espacio de comercio electrónico, se trata de ser creativo y encontrar formas diferentes de comercializar sus nichos, y encontrar nichos que aún no se han desarrollado. Mejor aún, busque un nicho de mercado. Evite productos electrónicos, cosas con muchas partes móviles y productos extremadamente competitivos. Por ejemplo, Will mencionó que hay trapeadores en Amazon: ese es un nicho de mercado bastante bueno en sí mismo. Pero, en cambio, opta por el nicho de mercado y vende las fregonas industriales, que se venden a un precio mucho más alto que las normales.

Piérdase en Amazon. Profundice en los "Elementos sugeridos para ti" y no temas que no conoce.

Estese atento

Encontrar los productos para vender es una de las partes más fáciles del proceso, según los expertos. Pero muchas personas que intentan comenzar dicen que es lo más difícil. No quieren elegir algo con demasiada competencia. No quieren elegir un producto perdedor. ¿Qué le sucede a esta gente? ¡Nunca comienzan nada!

¿Cómo puede un vendedor multimillonario encontrar productos para vender? Will explicó que cuando comenzó a vender en Amazon, era un gran fan de la UFC. Una noche, estaba viendo una pelea cuando notó que uno de los luchadores llevaba pantalones cortos que decía "Hayabusa" en ellos. Decidió dirigirse a su sitio favorito, Amazon, para ver algunos de los productos de Hayabusa.

Cuando buscó a Hayabusa, notó que todos sus listados eran de muy mala calidad y, como era un experto, sabía que podía venderles más productos. Decidió llamar a Hayabusa directamente y ofrecerles vender sus productos. Descubrió que vendieron en su mayoría gimnasios de UFC de pequeño tamaño en todo el país, y la mayoría de los vendedores no tienen suficiente efectivo para mantener sus productos en inventario porque ofrecieron cinco colores diferentes de guantes en cinco tamaños diferentes. Costaría demasiado en el inventario para que los vendedores lo tengan todo en inventario.

Will reconoció que Hayabusa necesitaba a alguien con un fuerte flujo de caja para poder almacenar suficiente inventario, y se dio cuenta de que podría ser su principal vendedor. Preguntó si la compañía le permitiría ser el único distribuidor autorizado en Amazon si podía tener todo su equipo en stock. Inicialmente, estaba vendiendo el equipo en sus otras cuentas de Amazon junto con productos genéricos. Hayabusa dijo que querían una cuenta de Amazon independiente que solo vendiera su producto.

Will creó una cuenta de Amazon independiente llamada Fighting Factory. También creó un sitio de comercio electrónico llamado fightingfactory.com para asegurarse de que la gente supiera que era legítimo. Cada mes, él compraba $30,000 de inventario de Hayabusa y luego lo vendía por $40,000 - $45,000, y todo se repetía a través de la FBA. Will no tiene nada de I+D ni marketing, todo lo que tiene que hacer es reordenar hasta que el producto se venza. Amazon maneja todo el envío y todas las devoluciones en el lado del servicio al cliente. ¡Eso es $10,000 en ganancias cada mes, sin hacer ningún trabajo real!

Sé lo que está diciendo: "Sí, pero él es un profesional. Nunca podría contactarme con compañías reales, ¿por qué querrían que yo venda? Piénselo. Es un representante de ventas gratuito. ¿Por qué no le dejarían hacer eso? En el caso de Will y Hayabusa, la compañía está obteniendo gratis uno de los mejores consultores de Amazon en el mundo. No le pagan ni un centavo porque les compra el producto. Es un ganar-ganar por todos lados.

Aquí hay un resumen: Will pasó de ser fanático de UFC y ver la televisión, vio un producto y contactó a la compañía, los convenció de que podía venderlo mejor, configurarlo y olvidarlo, y ahora gana $10K/mes con Amazon FBA.

Minoristas

La próxima vez que esté caminando por Target o Wal-Mart, eche un vistazo a los productos en los estantes, particularmente a la altura de los ojos o en los extremos de los pasillos con agradables pantallas. Los minoristas obviamente quieren que vea esos productos específicos. ¿Por qué?

Esos son los productos más rentables. Esos son los productos de alto margen que la tienda quiere que usted compre para que puedan ganar más dinero. Esos mismos productos también pueden ser de gran margen para usted, así que eche un vistazo y obtenga algunas ideas para impulsar sus ventas.

Infomerciales

Todos hemos visto los infomerciales para nuevos productos geniales. Las compañías que fabrican esos productos no pagarían todo ese dinero por los infomerciales si los productos no les generaban dinero. Existe una demanda de esos productos entre las personas que miran televisión, lo que significa que también hay demanda en Amazon para esos tipos de productos.

Dónde obtener sus productos

Alibaba.com es el principal proveedor de casi todos los productos de marca privada que ve en Amazon. Will los usa por sí mismo para cada producto. La clave para encontrar grandes proveedores es bastante simple. Puede clasificar a los proveedores para un producto en particular si tienen una calificación de estrella dorada, si su instalación se ha evaluado de forma independiente, y otros criterios. También puede ver cuánto tiempo ha estado funcionando cada uno para que sepa que son legítimos.

Si busca tapetes de yoga porque los ves en el top 100 en la sección Deportes y aire libre, ingresa tapetes de yoga en Alibaba y filtra a sus proveedores.

La primera de las flechas es la barra de búsqueda donde escribo lo que estoy buscando, en este caso, tapetes de yoga. A continuación, filtro los proveedores, como puede ver con la segunda flecha. Esto muestra una lista de todos los proveedores que fabrican esteras de yoga que le dice si los proveedores tienen una calificación de estrella dorada, cuánto tiempo llevan en el negocio y cuáles son sus precios. En este caso, el primer proveedor en la lista puede hacer la estera de yoga entre $3.50 y $5.80.

Cómo saber si un producto será rentable

De nuestra búsqueda en Alibaba, sabemos que podemos obtener esteras de yoga por $3.50 - $5.80. No desea vender productos extremadamente baratos y de gama baja. Debería ponerse un precio en algún lugar en el medio de la competencia. La regla general es que desea vender productos cuyo precio oscila entre $15 y $50. La razón por la que nos gusta ese rango es que los productos en él califican como una compra compulsiva. Una persona probablemente no tiene que obtener la aprobación de su cónyuge para gastar $ 25 en una estera de yoga que necesitan para su próxima clase de yoga.

Entonces, si le damos un precio de $25 a nuestra colchoneta de yoga, sabemos por nuestro proveedor que nuestros costos de envío serán de $4.50 por unidad, y nuestras tarifas de Amazon FBA serán del 30% de nuestro precio de venta ($7.50). ¿Será este un producto rentable?

$25 precio de venta - $4.50 por envío - $7.50 tarifas = $13 ganancia neta

¡$13 en ganancia neta es más del 50% de ganancia! Este sería un gran producto para tratar de vender. Mejor aún, no hemos gastado ni un centavo descubriendo si podemos ganar dinero con ello.

Hay miles y miles de colchonetas de yoga vendidas en Amazon.com todos los días. Si puede tomar solo un pequeño porcentaje de la cuota de mercado, digamos 1%, ¡puede hacer una matanza! Si hay 5.000 colchonetas de yoga vendidas en Amazon todos los días, y usted gana el 1% de esas ventas, eso equivale a 50 ventas por día. Con un beneficio neto de $13 por venta, ¡ganaría $ 650 por día o $ 19,500 por mes!

Nuestra meta es solo $100,000 por año, ¡pero este ejemplo podría hacer que alguien sobrepase los $200,000 por año!

Etiquetado privado

El etiquetado privado es simplemente la práctica de ponerle un nombre a un producto genérico para venderlo por más. Si tiene una cámara sin etiqueta para vender en Amazon, tal vez la venda por $50. Pero ponle cualquier nombre, y de repente, puede venderlo por $75. Ese es el poder del etiquetado privado y la clave de cualquier negocio de Amazon FBA.

En otro ejemplo proporcionado por Will, mencionó el deporte nacional de Tailandia, Muay Thai. Muay Thai es un deporte de combate donde los luchadores usan las rodillas, los codos, las espinillas, las manos o cualquier otra cosa para golpear a su oponente. Una de las compañías de UFC está interesada en vender pantalones cortos de boxeo de Muay Thai. Will se dio cuenta de que estos pantalones cortos simples se vendían como locos por $70 el par. $ 0 por nada más que un par de pantalones cortos atléticos.

Will se dio cuenta de que podía comprar un producto similar de un fabricante, ponerle una etiqueta privada y venderlo por mucho más barato que la competencia. Este es otro ejemplo de irse a un nicho. Había muy pocas empresas vendiendo pantalones cortos de boxeo de Muay Thai, por lo que esta empresa podría vender sus pantalones cortos por $70. Will sabía que podría obtener pantalones cortos casi idénticos hechos por un dólar en China. Compró los pantalones cortos de un proveedor de Alibaba, puso su marca Fighting Factory en ellos y los vendió por $30.

Ahora, cuando las personas buscan en Amazon los pantalones cortos de Muay Thai, se les presenta el producto de $70 o el producto de $30 de Will, que es exactamente lo mismo. Ese es el poder del etiquetado privado. Con un costo inicial de $1 por artículo, puede cambiar y vender su producto por $30 porque encontró un gran nicho y lo etiquetó por privado. ¡Es un margen fantástico!

En nuestra entrevista, Will también mencionó una historia sobre cómo una desafortunada lesión condujo a una oportunidad comercial. El primo de Will se resbaló en un trozo de hielo (es de Minnesota, por lo que hay mucho hielo para resbalarse) y se lastimó el pie. Llegó a Will, sabiendo que compra todo tipo de productos de Amazon, y le pidió a Will que comprara un scooter de rodilla para poder moverse mientras se curaba de su lesión.

Siendo el empresario que es, Will sabía que esta era otra gran oportunidad de nicho. Mucha gente se lastimó las piernas y necesitaba este producto para moverse. Su primo dijo que los únicos que podía encontrar eran cerca de $400. Efectivamente, Will hizo una investigación en Amazon y descubrió que los scooters de rodilla costaban constantemente por $400 o más. Sabía que podía hacer algo y venderlo por menos.

Ingreso a Alibaba y descubrió que el mismo scooter podría hacerse por $60. ¡Eso es más de $300 en margen de ganancia! Comenzó a investigar en GoDaddy.com sobre los dominios disponibles relacionados con este producto. Usando un código de cupón, compró injuredleg.com por $2.99.

Así que lastimados de la rodilla nació. Él fabricó los productos, le aplico una etiqueta en la caja y comenzó a venderlos. ¡Vendió 7 el primer día! A partir de ahí, puede extrapolar el dinero obtenido de este producto de nicho único. 7 veces $150 en ganancias por pieza, multiplicado por 30 días en un mes, ¡eso es $31,500 en ganancias por mes! Eso deja atrás el objetivo de $100,000 que hemos establecido en este libro.

Inventar el empaque y el logo de su marca privada no tiene por qué ser un proceso difícil. Muchos empresarios potenciales se atascan en el primer paso, y terminan perdiendo meses y meses sin llegar a ningún lado. Solo elija un nombre atractivo que esté disponible como dominio, luego cree un sitio web y un correo electrónico personalizado. De esta forma, parece que cada producto de marca privada es su propia compañía.

Mejor aún, no tiene que hacer nada de eso usted mismo. Diríjase a fiverr.com o upwork.com y páguele a alguien $5 para crear su logotipo. Pague otros pocos dólares por un sitio web, y listo. En una tarde, puede hacer que la lista aparezca en un sitio web de aspecto profesional para acompañarla. Es una manera extremadamente rápida de legitimar su producto. Si pospone las cosas, podría perder en meses de ventas.

Vender su producto

Ahora que tiene su producto y está listo para venderlo, es hora de crear su lista. Recuerde que tiene un producto de nicho que la gente necesita. Manténgase extremadamente específico en las palabras clave del producto para que su listado aparezca en los mejores resultados para todos los que buscan "pantalones cortos Muay Thai".

Una estrategia fantástica es ir a los listados de sus competidores y leer sus malas críticas, luego convierta esas revisiones en su listado. ¿Cómo está solucionando los problemas que otros competidores están teniendo? Si continuamente ve una queja de que las manijas están demasiado juntas en los scooters de la rodilla de su competidor, haga un punto para mencionar en su descripción que "estas manijas están muy separadas para un agarre perfecto". De esa manera, si alguien se desplaza y lee la crítica negativa de su competidor, ellos sabrán que ha abordado ese problema. Esa es una venta más para usted y una menos para su competidor.

La clave es probar el mercado de inmediato, posiblemente incluso antes de tener un producto a la mano. Si el producto comienza a venderse, sabrá que tiene un ganador. Para estas ventas de "prueba", simplemente puede comprar ese producto de otra persona en Amazon y usar la dirección del cliente como dirección de envío. De esta manera, puede ver cuál es la demanda y a qué precio ANTES incluso de comprar un producto usted mismo. Si se vende bien, entonces sabe que es hora de hacer su pedido. "No lo compre primero, véndalo primero".

Después de que haya probado su producto y sepa que lo vende, cree su listado. El 98% de los vendedores en Amazon no hacen esta parte correctamente, pero de todos modos ganan mucho dinero, así que imagine cuánto puede ganar si lo hace bien. Piense en imágenes, imágenes, imágenes. Necesita tener excelentes imágenes de alta calidad de su producto y muchas de ellas. Muestre que su producto se usa en la vida cotidiana.

Hable sobre los beneficios de su producto, no sobre las características. En lugar de decir que su colchoneta de yoga mide 2 pulgadas de grosor (característica), indique que mide 2 pulgadas de grosor, lo que protegerá sus rodillas y te proporcionará apoyo y comodidad para ayudarle a seguir haciendo yoga para que pueda mejorar su salud (beneficios).

Will mencionó que su estrategia para un gran crecimiento era ir tras ciertos mercados y saturarlos por completo. Escogería ciertos productos y los etiquetaría de manera privada, pero también se pondría en contacto con los cinco principales fabricantes para ese producto y también compraría de ellos. Luego, cuando un cliente busque su producto, puede venderle su propia versión de marca privada o la de una marca líder. De cualquier manera, le están comprando a USTED.

Digamos que tiene una taza de café temática de Seattle. La taza de café Starbucks se vende muy bien, y también se vende una taza Seattle's Best Coffee. Podría crear su propia taza de café con algún tipo de marca temática de Seattle, y luego ponerse en contacto con Starbucks y Seattle's Best Coffee y vender esas tazas también. Entonces, si una persona busca una taza de café de Seattle, todas las listas principales conducen a sus productos.

La mayoría de las marcas de EE. UU. Le venderán al por mayor si tiene dinero en efectivo y pueden convencerlas de que lo hagan. Imagine que es vendedor de una gran marca y que, alguien le llama para que desea comprar mucho de su producto. Estás haciendo su trabajo por ellos. Es muy fácil obtener un "sí" de estas compañías si tiene efectivo y puede respaldar su oferta haciendo un pedido. Sí, sus márgenes de beneficio son más bajos en los artículos de marca, pero aún está ganando dinero. Difícil de superar eso.

Reseñas

Las reseñas sobre su listado son extremadamente importantes. Ellos son el alma de su producto. Cuando va a Amazon, ¿compra algo que no tenga reseñas? No. Tampoco lo hacen el 99% de las otras personas que buscan en Amazon.

Una vez que obtenga su producto del proveedor y aparezca en la lista, dele algunas muestras a amigos y familiares para obtener reseñas de 5 estrellas. Debido a las pautas de revisión de Amazon, deberán mencionar que recibieron el producto de forma gratuita o con descuento a cambio de su honesta revisión, pero eso no afectará la calificación de 5 estrellas.

Anuncios de Amazon

Después de comenzar a recibir reseñas de 5 estrellas, comience a atraer más tráfico a su producto con Amazon Ads. Cuando busca en Amazon y ve un producto a la derecha que dice "Patrocinado", alguien usa anuncios de Amazon. Esta es una gran manera de obtener su producto en la primera página de los resultados de búsqueda y generar más ventas. Cuesta dinero, pero puede valer la pena.

Consejos internos

El principal consejo de Will durante nuestra entrevista fue salir y obtener productos HOY. Si continúa esperando y esperando, nunca comenzará. No importa si pierde dinero en el primer intento, simplemente siga el proceso. Puede comprar 10 muestras de artículos pequeños por $10 y comenzar a vender. El 99% de las preguntas que las personas hacen a Will pueden responderse simplemente al realizar el proceso usted mismo.

No tenga miedo de apretar el gatillo. Cualquiera puede ganar dinero con Amazon, pero la mayoría de la gente nunca comienza. Continuamente se cuestionan a sí mismos con preguntas: "¿Qué pasa con esto?" "¿Funcionará este producto?" "¿Qué pasa si no se vende lo suficiente?" "¿Qué pasa si pierdo dinero?"

Vaya a Alibaba, encuentre un producto de $5 que se vende por $10, y ve por él. Compre 10 de ellos, arrójelos a Amazon y vea qué pasa. En el peor de los casos, pierde $50, pero se ha ganado el conocimiento de que realmente se está llevando a cabo el proceso, que es invaluable.

CAPÍTULO 3: Bienes raíces

Bienes raíces es probablemente la estrategia más popular y más comúnmente implementada para el ingreso pasivo. Pero tenga en cuenta: invertir en bienes inmuebles para obtener ingresos pasivos no es en modo alguno un plan para hacerse rico rápidamente. Se requiere mucho trabajo arduo y generalmente mucho dinero por adelantado. Se ha informado que el 90% de los millonarios en el mundo obtienen la mayor parte de su dinero invirtiendo en bienes raíces. Si ese es el caso, no puede discutir con los resultados.

Una de las mejores estrategias para invertir en bienes raíces y obtener rápidamente ingresos pasivos es la estrategia BRRRR que encontré en el foro inmobiliario BiggerPockets (www.biggerpockets.com). Esta comunidad de personas interesadas en bienes raíces es uno de los sitios más activos que he encontrado. Tiene a todos, desde principiantes que intentan comprar su primera propiedad, hasta millonarios inversionistas en bienes raíces que están asesorando. Si está interesado en bienes raíces, asegúrese de revisarlo.

¿Qué es BRRRR?

BRRRR es una estrategia de inversión popular que fue compuesta por un colaborador de BiggerPockets. Lo que representa por sus siglas en ingles:

Comprar

Rehabilitar

Rentar

Refinanciar

Repetir

Para decirlo claramente, esta estrategia implica comprar una propiedad de alquiler que necesita algo de trabajo, rehabilitar la propiedad para llevarla a la cima del mercado, alquilarla a grandes inquilinos, refinanciar la hipoteca para retirar su dinero en efectivo y luego repetir este proceso una y otra vez hasta que llegue a su número deseado de propiedades.

El sitio ha mostrado a numerosas personas que ahora poseen más de 25 propiedades gracias a esta estrategia. El poder detrás de este sistema proviene de la capacidad de adquirir propiedades después de la propiedad sin quedarse sin efectivo para invertir. Al mismo tiempo, combina los beneficios de invertir una casa con las características obvias de construcción de riqueza de las propiedades de alquiler.

Ahora que sabemos qué es esta estrategia y qué significa, repasemos cada paso y analicemos aún más el proceso.

Comprar

Obviamente, para invertir en bienes raíces necesita tener una propiedad. Pero esto no significa que pueda salir y comprar la primera casa que encuentre. Debe encontrar un buen negocio. Esto no significa un trato "lo suficientemente bueno", tiene que ser uno excelente.

La estrategia BRRRR es básicamente cambiar de casa, excepto que en lugar de vender la casa una vez que se completan las renovaciones, la retienes y la alquilas a grandes inquilinos. Eso, a su vez, le proporciona el flujo de efectivo mensual que está buscando, suponiendo que haya obtenido un buen trato.

Aquí hay un ejemplo. Una regla muy común de cambio de bienes inmuebles es la regla del 70%, que establece que lo máximo que debe pagar una casa por una propiedad es el 70% de la ARV (después del valor de reparación), menos los costos de rehabilitación. ARV es lo que valdrá esa propiedad cuando se completen todas las renovaciones. Entonces, si una casa tiene un ARV de $100,000 y necesita $15,000 en rehabilitación, debe comprarse a un precio de $55,000: $100,000 X 70% = $70,000

$70,000 - $15,000 = $55,000.

¿Los números suenan demasiado bien para ser verdad? Casi todas las personas alentadoras que han tenido éxito han construido su modelo de negocios completo en márgenes como estos. La clave es que no dicen: "No puedo encontrar propiedades con esos números". Lo hacen funcionar con declaraciones como "¿Cómo puedo hacer que este negocio suceda?"

Para tener éxito y encontrar buenas ofertas se necesita un poco de prisa. Puede que tenga que navegar rutinariamente por Craigslist, puede que tenga que enviar un correo directo, puede que tenga que conducir hasta que vea una casa que parece atractiva, pero estas son las cosas que las personas exitosas están dispuestas a hacer, y usted también debería hacerlo.

La advertencia para su primera compra es esta: es muy poco probable que pueda usar un prestamista tradicional. La mayoría de ellos simplemente no están dispuestos a prestar dinero para una casa que necesita renovaciones. Esto aún deja abiertas algunas opciones: dinero privado, efectivo, valor neto de la vivienda, dinero difícil, etc. Solo hay que pensar de manera innovadora.

Desde propiedades de inversión ocupadas por los propietarios, asociaciones, préstamos/líneas de crédito con garantía hipotecaria, dinero difícil, recaudación de dinero privado, opciones de arrendamiento, financiación del vendedor, hasta cualquier otra forma de adquirir propiedades con poco o ningún dinero, todas se describen en " El libro sobre invertir en bienes raíces sin (y bajo) pago de dinero", por Brandon Turner (a quien mencionaré en el siguiente paso). Si no lo ha leído, échele un vistazo. ¡Proporcionará un conocimiento fantástico sobre cómo puede completar este primer paso con el dinero de otras personas!

Rehabilitación

La segunda parte de la estrategia BRRRR es la rehabilitación. Esto implica la renovación de su propiedad recién adquirida. A diferencia de los traspasos de casas, no venderá esta propiedad una vez que las reparaciones se hayan completado. En cambio, lo alquilará a inquilinos, por lo que debe seleccionar los materiales que le darán el alquiler mensual más alto, pero quizás lo más importante es que debe elegir materiales que puedan resistir el uso del inquilino durante años.

La clave para rehabilitarse con una propiedad BRRRR es "a prueba de inquilinos" de su lugar. Esto significa el uso de materiales que se sabe que duran mucho tiempo y no será necesario volver a hacerlos cada pocos años. Durante la rehabilitación, debe tener en cuenta que su objetivo es obtener el ARV más alto y el alquiler mensual posible. Por ejemplo, si encuentra una casa grande de dos habitaciones que tenga suficiente espacio para agregar un tercer dormitorio, eso no es de pensarse. Esto puede agregar cientos de dólares a su flujo de caja mensual, sin mencionar aumentar el valor del hogar y, por lo tanto, proporcionar más capital.

Brandon Turner, vicepresidente de crecimiento y comunicaciones de BiggerPockets, brindó un ejemplo del estilo de rehabilitación a tener en cuenta en una propiedad BRRRR. Estaba trabajando en una casa de BRRRR y cuando el equipo de renovación rasgó la alfombra, descubrieron hermosos pisos de madera debajo. Supondría que ahorraría el dinero y simplemente los repararía, pero, por el momento, agregó laminado encima de ellos. El acabado de los pisos de madera originales costaría alrededor de $3 por pie cuadrado, y es probable que tengan que ser reacabados otra vez antes de vender la propiedad años después debido al uso intensivo por parte de los inquilinos. Optó por usar pisos laminados que solo costarían $2 por pie cuadrado. No solo es el laminado más económico, también protegerá los pisos originales debajo durante el uso del inquilino. Luego, cuando necesite vender, puede quitar el laminado, recabara los pisos y obtener el mejor precio por la propiedad.

Otra parte extremadamente importante de este paso es asegurarse de reemplazar o corregir correctamente cualquier cosa que necesite atención. Si corta su rehabilitación para ahorrar unos pocos dólares, le costará mucho más dinero y dolor de cabeza cuando esté recibiendo llamadas telefónicas en medio de la noche por una fuga de calentador de agua. Vale la pena invertir ahora para evitarlo más tarde. Por supuesto, aún necesitará presupuestar el mantenimiento y las reparaciones, pero si se hace bien, esos costos pueden ser mucho más bajos de lo esperado.

Rentar

El tercero, y posiblemente el más importante en términos de ingresos pasivos, parte del proceso de BRRRR es alquilar su propiedad recientemente renovada a BUENISIMOS inquilinos. Si compró su propiedad sabiamente, está en una excelente ubicación, por lo que no debería ser difícil encontrar inquilinos fantásticos.

Puede optar por contratar a un administrador de la propiedad para hacer esto por usted, o puede hacerlo usted mismo. Si elige únicamente inquilinos de clase alta, respetuosos y responsables, administrar su propiedad debería ser relativamente fácil. Es muy inteligente que los inquilinos potenciales siempre completen una solicitud de alquiler y una verificación de antecedentes. Si tienen un crédito terrible y se han saltado los pagos en el pasado, no querrá alquilarles.

Refinanciar

El cuarto paso en este proceso es refinanciar en una hipoteca convencional agradable y cómoda. Anteriormente se mencionó que puede ser difícil obtener una hipoteca convencional sobre una casa para reparar, pero las hipotecas convencionales son excelentes para los inversores una vez que la casa se ha revendido: generalmente tienen tasas de interés extremadamente bajas, son estables a largo plazo. inversión, y generalmente son muy fáciles de conseguir.

Es posible que no necesite refinanciar su propiedad para recuperar su dinero. Tal vez gana mucho dinero con su trabajo y puede permitirse que su pago inicial y los costos de rehabilitación permanezcan en la propiedad. Hacerlo puede incluso ayudarle a obtener un mejor flujo de efectivo mensual, y posiblemente incluso un mejor retorno de la inversión. Sin embargo, puede ser beneficioso refinanciar y recuperar su dinero. Luego puede reinvertir el dinero y repetir el proceso una y otra vez.

Usemos el mismo ejemplo que utilizamos temprano. Encontramos una propiedad con un ARV de $100,000. Usted lo compró por $55,000 y puso $15,000 en las renovaciones. Ahora tiene $70,000 invertidos en la propiedad. La mayoría de los prestamistas le permitirán refinanciar una propiedad por el 70% del ARV, lo que significa que hará un préstamo de LTV del 70% (préstamo Loan To Value) en la propiedad. Dado que el 70% de los $100,000 es de $70,000, en teoría podría recibir cada centavo que haya invertido en la propiedad.

¡Después de que se complete el refinanciamiento, debe tener una propiedad renovada y actualmente alquilada que traiga una pequeña cantidad de flujo de efectivo y tenga alrededor del 30% en capital! Es una situación ideal. La parte más importante es comprar la propiedad correcta al precio correcto.

Repetir

Ahora que tiene un 30% de participación en una gran propiedad de alquiler que le brinda un flujo de caja mensual, es hora de dar el último paso en el proceso. ¡Repetir! Si funcionó una vez, ¿por qué no puede replicarlo?

Por supuesto, hay límites en la cantidad de hipotecas que una persona puede tener. El límite actual es en realidad 10, por lo que podría repetir el proceso 10 veces sin problemas. Son 10 propiedades con un

30% de equidad, todas con excelentes inquilinos y completamente renovadas. ¡Está sentado en una mina de oro! La mejor parte es que solo usó su inversión original para todos ellos, ya que continuamente obtuvo esa inversión en cada propiedad.

Cómo ganar $100,000 por año usando la estrategia BRRRR

Históricamente, los precios de los bienes raíces han aumentado, en promedio, 3% por año. Seamos un poco más pesimistas y digamos que esperamos un 2% por año para nuestro escenario. Si hoy compramos una propiedad con un ARV de $150,000, solo pagamos $75,000 por ella, gastamos $30,000 en las renovaciones, lo alquilamos y lo refinanciamos por $105,000, con un aumento del 2% por año, esa misma propiedad valdría $165,000 en cinco años.

No solo eso, sino que la hipoteca de esa propiedad se pagó en los últimos cinco años y ahora solo asciende a $96,000, por lo que también tenemos $69,000 en capital. Si desea vender la propiedad, puede esperar que necesite pintura y otras reparaciones menores, sin mencionar el pago de las comisiones del agente inmobiliario más los costos de cierre. Los $69,000 en capital son, en realidad, más como $50,000 en ganancias.

Por lo tanto, para hacer seis cifras utilizando la estrategia BRRRR, solo necesita comprar dos propiedades cada año y luego, a partir del año cinco, comenzar a vender dos propiedades cada año. Mientras haga que los números funcionen, nunca debe tener más de 10 propiedades. Después de tan solo cinco cortos años, ganará $100,000 por año al comprar solo dos propiedades por año y vender dos propiedades por año.

Ese es el poder de esta estrategia. Puede parecer un montón de "qué pasaría si", pero si se atiene a los números, puede ser extremadamente poderoso para llegar al objetivo de las seis cifras y generar una gran riqueza. Hablando de ajustarse a los números, BiggerPockets también tiene algunas herramientas fantásticas para ayudarlo a analizar ofertas de manera rápida y eficiente. Una vez más, este sitio es uno de los sitios más valiosos que he encontrado cuando se trata de bienes raíces. ¡Incluso me convenció para conseguir mi primera propiedad de alquiler hace unos años!

CAPÍTULO 4: Invertir en opciones

Qué son las opciones

Una opción es un contrato que otorga al comprador el derecho de comprar o vender un activo subyacente a un precio específico en o antes de una fecha específica. Es un contrato vinculante con términos muy estrictamente definidos. Aquí hay un ejemplo muy fácil: digamos que encuentra un Chevy Corvette z06 super sexy que tiene que comprar. Lamentablemente, no tiene el efectivo en este momento, pero lo hará en dos meses. Usted habla con el propietario y acuerda un trato que le da la opción de comprar ese automóvil en dos meses por un precio de $50,000. Como no tiene dinero en efectivo por adelantado, el propietario le hace pagar $2,000 por esta opción.

Algunos escenarios diferentes pueden tener lugar en esos dos meses:

Escenario 1: digamos que se descubrió que el automóvil en realidad tiene una actualización de fábrica que se suponía que no debía tener. Ahora es el único z06 en el mundo con esta actualización, ¡así que es un auto único y ahora vale $200,000! Como el propietario le vendió la opción, tiene la obligación contractual de venderle el automóvil por los $50,000 acordados. Acaba de obtener una ganancia de $148,000 (valor actual de $200,000 - precio de compra de $50,000 - opción de $2,000 = $148,000). No está mal.

Escenario 2: Se descubrió que el auto es en realidad un limón con un título de salvamento. Solo vale $5,000. Aunque originalmente se enamoró del automóvil, no es todo lo que alguna vez pensó que era. A pesar de que compró la opción, usted como comprador no tiene ninguna obligación de realizar la venta. Solo pierde el precio de $2,000 de la opción.

Estos escenarios ejemplifican los dos aspectos más importantes de las opciones. Cuando compra una opción, tiene derecho a comprar el activo, pero no la obligación. Simplemente puede dejar pasar la fecha de caducidad, momento en el cual la opción no tiene valor. También demuestra que una opción es simplemente un contrato que se trata de un activo subyacente (en este caso, el Corvette). Esta es la razón por la cual las opciones a menudo se conocen como derivadas, derivan su valor de otra cosa.

Tipos de opciones

Cuando se trata de acciones, hay dos tipos de opciones disponibles: compras y ventas.

Opcion de Compra: una opción de compra le da derecho a comprar acciones. Usted gana dinero a medida que una acción sube de precio. Espera que la acción aumente sustancialmente a un precio antes de que expire la opción.

Opcion de Venta: una opción de venta le otorga el derecho de vender acciones. Gana dinero cuando una acción baja de precio. Esperas que el precio de las acciones caigan antes de que expire su opción.

Eso es lo mejor de las opciones: le permiten ganar dinero a medida que algo sube de valor o incluso cuando algo pierde valor.

Echemos un vistazo a un ejemplo. Digamos que tenemos una compañía llamada Tucker's Agency. El 1 de junio, el precio de las acciones de Tucker's Agency es de $50 y la prima (costo del contrato de opciones) es de $2 con una fecha de vencimiento del 15 de agosto y un precio de ejercer de $55. Debido a que cada contrato de opción representa 100 acciones, el precio total de su contrato sería $2 X 100 = $200.

El precio de ejercicio es el precio que una acción debe ir arriba (para compras) o más abajo (para ventas) antes de que una posición pueda ejercerse para obtener un beneficio. En este contrato, el precio de ejercicio es de $55, por lo que la acción debe subir por encima de $55 antes de que una opción de compra valga la pena. Y dado que su contrato es de $2 por acción, el precio de equilibrio real es $57.

Cuatro semanas después, el precio de las acciones es de $60. El contrato de opciones ha aumentado y ahora vale $6. $6 X 100 = $600. Reste lo que pagó inicialmente por el contrato y su ganancia es de $400 (($ 6 - $2) X 100 = $ 400). Acaba de duplicar su dinero, pero solo si decidió vender realmente cuando el precio de las acciones era de $60. Si decidió no ejercer su opción y las acciones se redujeron a $45 antes de la fecha de vencimiento, perdería su inversión inicial de $200.

Cómo analizar la bolsa

Sean Allison, el creador de www.incomegeneratorstrategy.com, ha presentado una fórmula para comprar y vender opciones que es verdaderamente notable. Él ha usado esta fórmula para generar $25,000 por mes para sí mismo mientras trabaja solo 15 horas por semana, además del dinero que hace enseñando su sistema a sus alumnos. ¡No solo eso, tiene una tasa de éxito del 70% en sus intercambios!

Cuando hablé con él, mencionó que lo que la mayoría de la gente no entiende es el flujo de dinero. Le tomó varios años lograr que esta idea se implantara firmemente en su cerebro, pero esencialmente, es comprender las correlaciones entre los diferentes sectores financieros y saber dónde está el flujo de dinero. Debido a que el dinero siempre fluye de un sector a otro, una clase de activos a otra, la clave es comprender la dirección del flujo de dinero y luego configurar su estrategia de opciones en consecuencia.

Hay un indicador en el análisis de mercado llamado OBV, o Volumen en equilibrio, que puede ser muy útil cuando se analiza el flujo de dinero. OBV es un indicador de impulso que usa el flujo de volumen para predecir los cambios en el precio de las acciones. Cuando el OBV está subiendo, indica que la presión de compra excede la presión de venta. Este indicador fue desarrollado en la década de 1960 por un hombre llamado Joseph Granville, quien creía que cuando el volumen aumenta bruscamente sin un cambio significativo en el precio de las acciones, el precio eventualmente saltará hacia arriba, y viceversa.

Tomemos bonos del gobierno, por ejemplo, que son un lugar muy seguro para poner su dinero. Cuando los bonos bajan de valor, el rendimiento que puede obtener de un bono en realidad aumenta. Si los bonos bajan, el rendimiento de los bonos, o los rendimientos, aumenta. Como resultado, la gente vende esas acciones, y el dinero fluye en bonos. Solo comprender cosas como esa relación puede permitirle a usted, como inversor inteligente, ganar muchísimo dinero.

Hace poco, Sean enseñó esta correlación a algunos de sus estudiantes de élite, y un estudiante en particular se lo tomó en serio. Usando el consejo de Sean, el estudiante ganó más de $3,500 dólares en bonos con un intercambio. Este tipo de éxito se basa en comprender las correlaciones de dónde proviene el flujo de dinero y luego utilizar las opciones como su vehículo de inversión.

Una de las cosas que Sean aprendió durante su época como inversor en análisis fundamental fue que no puede confiar en lo que ve en las listas de valores. Su trabajo consistía en buscar una empresa y determinar si era una empresa buena y rentable que probablemente aumentaría sus ganancias con el tiempo. Sin embargo, se dio cuenta de que esa información puede ser manipulada. Empresas como Enron mostraban muy buenos fundamentos hasta el día en que colapsaron.

La estrategia de Sean tiene algunos pasos básicos a seguir. Lo primero a mirar son los gráficos. Tienes que entender en qué dirección va el mercado en general. ¿El mercado en general se está moviendo más alto o se está moviendo más bajo? Las tablas y el análisis técnico le permitirán determinar eso.

Una vez hecho esto, puede limitar su enfoque a un sector en particular. Averigüe cuál es el sector con el mejor rendimiento, o cuál es el sector con el peor rendimiento, según si desea ganar dinero con algo que gana valor o algo que pierde valor.

Primero el mercado en general; luego el sector; y finalmente, concentrarse en las acciones que son las más débiles o más fuertes en su sector particular. Si desea ganar dinero a medida que las acciones bajan de precio, localice las acciones más bajas. Si desea ganar dinero a medida que aumenta el precio de las acciones, determine las acciones que son más fuertes en su sector.

A partir de ese análisis, podrá determinar un punto de entrada y, lo que es más importante, un punto de salida si la operación no funciona. Este paso tiene que ver con la gestión de riesgos, y es imprescindible. Si puede convertirse en un administrador de riesgos efectivo, ganará mucho dinero en este negocio. La clave, según Sean, es limitar el lado negativo y maximizar el lado positivo.

Para Sean, hay la mayor cantidad de dinero que se puede ganar cuando una acción baja de precio, lo cual es un concepto muy difícil de entender para la persona promedio. Muchas personas tienen una respuesta automática de pánico cuando oyen que una acción está bajando de precio, por lo que es difícil para ellos entender cuánto dinero se va a hacer con este método. Cuando una acción baja de precio, tiende a bajar rápidamente, y eso es exactamente lo que permite a Sean y sus alumnos ganar dinero muy rápido como resultado.

Los principales medios de Sean para encontrar oportunidades de ganar dinero son los gráficos. El análisis técnico es muy importante para lograr el éxito con esta estrategia, porque la creación de gráficos es, más que nada, un reflejo de las emociones humanas. Muchas veces, el precio de una acción se moverá de una manera que, francamente, desafía la lógica. La compañía produce la misma cantidad de productos, tiene la misma cantidad de empleados, pero el precio puede cambiar drásticamente, y se basa más que nada en las emociones humanas y en cómo se sienten las personas con respecto a la empresa. Si comprende cómo leer gráficos, podrá ver el flujo de dinero en el mercado y el elemento de la emoción humana en juego.

Cómo implementar esos intercambios

Una vez que haya determinado la tendencia general del mercado y se haya enfocado en un sector en particular, estará listo para elegir una acción. A partir de ahí, Sean aconseja establecer un negocio de ingresos.

Esto le permitirá tener los objetivos de ganancias así como la administración de riesgos establecida desde el principio, para que todo esté en su lugar al mismo tiempo que coloca el intercambio.

En esta etapa, algo que Sean llama psicología comercial entra en juego. Es el factor individual más importante para implementar esta estrategia con éxito. Explicó en nuestra entrevista que hay algo en este tipo de comercio que va en contra de la psicología humana. Después de todo, como individuos inteligentes, entendemos que cualquier operación que hagamos podría salir mal en cualquier momento. La respuesta más lógica a esta incertidumbre es: "¿Entonces por qué lo haría?" Pero, como señala Sean, eso es parte del juego: entender que este es un juego de probabilidad, y que, como inversores, simplemente estamos jugando con las probabilidades.

Para jugar con las probabilidades de manera efectiva, su propia emoción debe ser eliminada de la ecuación tanto como sea posible. También deje su ego en la puerta: no está tratando de forzar su opinión sobre las acciones o tratar de hacer que los mercados le den dinero. Lo que está haciendo es utilizar las matemáticas y una sólida comprensión de la psicología comercial para ganar dinero de manera consistente al tiempo que se mitiga el riesgo. Saber que puede estar equivocado en cualquier momento, y luego manejar el riesgo en contra de eso, es la habilidad de hacer o deshacer de este tipo de empresa.

¿Cómo vence los problemas causados por el juicio nublado? Sean cree que ha encontrado al verdadero enemigo, y el enemigo somos nosotros. Somos codiciosos, tenemos miedo, estamos indecisos, todas las mismas cosas que gobiernan el mercado de valores. Para poder contrarrestar todas esas influencias ilógicas, debe tener un enfoque claro y equilibrado en sus objetivos y en lo que espera obtener de cada transacción.

Digamos, por ejemplo, que está buscando retirarse. Eso significa que no busca hacerse rico rápidamente; busca una inversión estable que le brinde apoyo financiero. Enfocarse en sus objetivos para una operación le permite establecer un objetivo de beneficio específico y un precio específico para que la acción se mueva. Recuerde, no puede esperar solo que una operación resulte "buena" sin pensar en lo que realmente significa para usted en su situación particular. Para obtener los resultados que necesita, necesita saber exactamente cuáles son sus parámetros. Es importante establecer un objetivo de beneficio razonable, y tan pronto como llegue a ese nivel, cerrar la operación automáticamente. Este sistema elimina al mayor enemigo de las operaciones: nosotros.

Igual de importante es establecer parámetros a la baja, para que sepa cuándo es el momento de reducir sus pérdidas antes de perder más dinero. Debe reconocer que cualquier cosa puede suceder en el mercado. Si lo hace, siempre establecerá un objetivo para obtener sus ganancias, y también definirá el momento exacto en que se retirará de una operación. Hacerlo es lo que le permite mantener sus pérdidas pequeñas y mantener sus ganancias en crecimiento. Esa es la verdadera clave para la gestión de riesgos.

Echemos un vistazo a un ejemplo específico que Sean compartió. Primero, mire un mercado o índice específico, y luego trate de encontrar fuertes candidatos de acciones dentro de ese índice.

En este ejemplo, estaba interesado en Google, por lo que se centró en NASDAQ. Eche un vistazo a las notas en su tabla. Se identificaron algunos factores positivos: primero, el NASDAQ rompió la resistencia con la noticia de que la Reserva Federal mantendría las tasas de interés estables. En segundo lugar, el OBV, o volumen en equilibrio, tiende hacia arriba, lo que indica que la presión de compra excede la presión de venta.

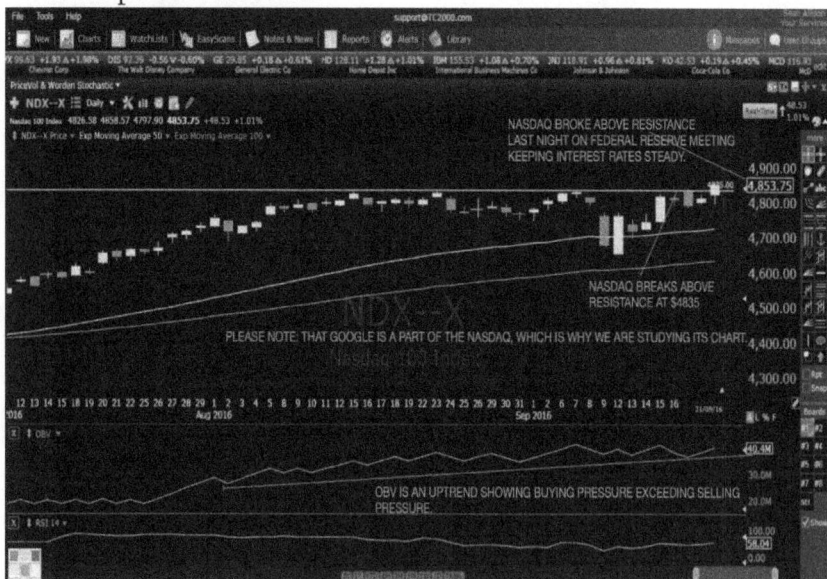

Luego Sean pasa a los cuadros de acciones individuales. Google y Amazon habían tenido un buen rendimiento, y como NASDAQ también funcionaba bien, decidió colocar el intercambio. En los cuadros de análisis a continuación, EMA es la media móvil exponencial. EMA es una herramienta de gráfico de acciones que los inversores utilizan para observar las tendencias en el precio de una acción.

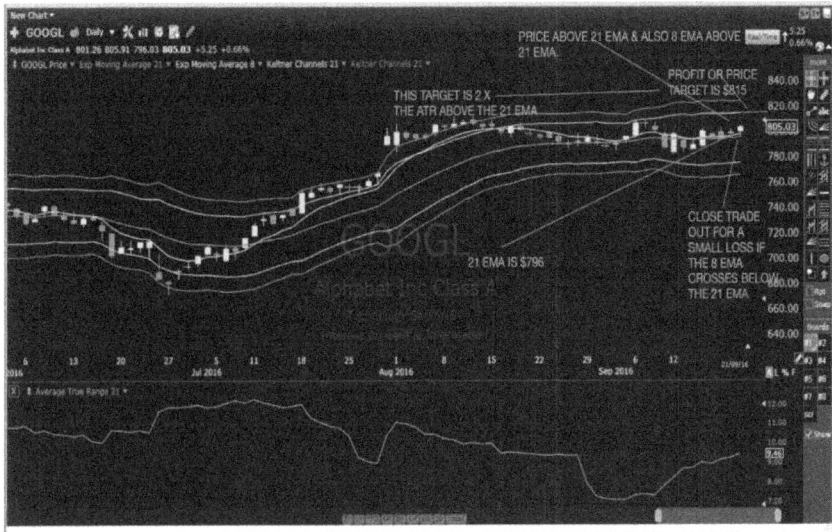

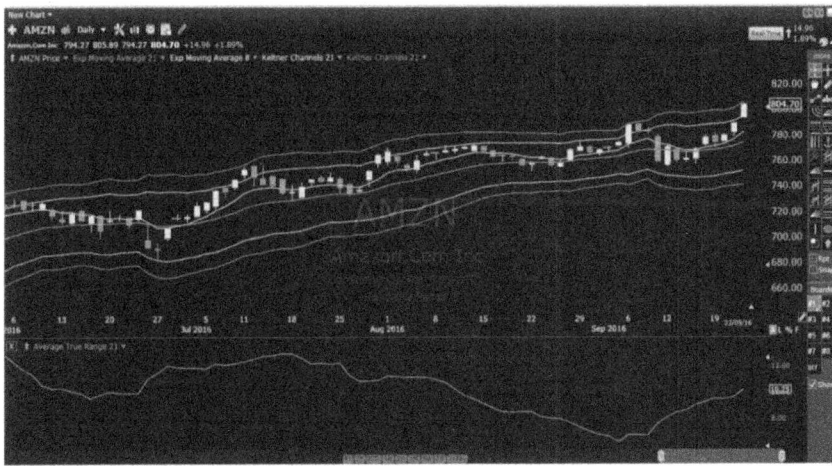

Sean recomendó a Google y Amazon a sus alumnos basándose en su análisis de los gráficos anteriores. Establece el objetivo de beneficio y la pérdida máxima, todo al mismo tiempo. De nuevo, esta es la clave para mantener un enfoque profesional y coherente. Mantiene las emociones humanas fuera del comercio y automatiza el proceso tanto como sea posible.

¿Cuáles fueron los resultados? No va a creer esto. Sean me envió un ejemplo de uno de sus alumnos que tomó su consejo y colocó estos mismos intercambios.

Analysis Data For 9/22/2016 - 9/23/2016   View Annual Analysis Summary

Trade Date	Action	Symbol/Desc.	Qty	Price	Comm.	Net Amount	Gain/Loss for symbol
AMAZON							
09/22/2016	STC	AMZN SepWk4 790 Call	5	$9.75	$14.95	$4,859.83	
09/21/2016	BTO	AMZN SepWk4 790 Call	5	$3.22	$14.95	($1,625.07)	3,234.76
Net Realized Gain/Loss for AMZN							$3,234.76
ALPHABET							
09/22/2016	STC	GOOGL SepWk4 805 Call	5	$6.87	$14.95	$3,419.86	
09/21/2016	BTO	GOOGL SepWk4 805 Call	5	$3.10	$14.95	($1,565.06)	1,854.80
Net Realized Gain/Loss for GOOGL							$1,854.80
TOTAL REALIZED GAIN/LOSS							$5,089.56

Está bien. Uno de sus alumnos ganó $5,089.56 por este intercambio exacto.

Puntos clave

Lo más importante que Sean dijo haber aprendido en su vida es que tiene que encontrar un mentor. Según su propio cálculo, probablemente invirtió alrededor de $250,000 en programas que no funcionaron para encontrar una forma de ganar dinero fuera de su trabajo. El problema con este método es el mismo que muchas otras personas que asisten a estas conferencias y seminarios descubren demasiado tarde: gasta dinero en un programa y asume que el "experto" sabe de lo que están hablando, cuando en realidad, no gana dinero con las estrategias que le están enseñando. El consejo de Sean es encontrar un mentor que realmente se gane la vida haciendo exactamente lo que enseñan.

"Sin un mentor, su MEJOR pensamiento lo tiene exactamente donde se encuentra hoy." – Raymond Aaron

Si la enseñanza está basada en teoría, simplemente no es útil. Hablar es barato. Sean mencionó a un alumno suyo que tenía cinco títulos, incluido un doctorado. Esta señora era académica, y le encantaba estudiar y analizar cosas. El problema era que ella analizaría las cosas hasta el punto de no hacer nada. Ella había sido una muy buena estudiante y realmente había estudiado. Después de aproximadamente un año, Sean preguntó: "¿Cómo va su comercio?" Ella dijo: "Todavía no he hecho ningún intercambio".

Su objetivo había sido comprender completamente todo lo que había que saber sobre el mercado de valores antes de tomar ninguna medida. Sean cree que esa es la manera incorrecta de hacerlo. Con la ayuda de Sean, la estudiante realizó dos intercambios, y en su primer mes ganó $10,000. En sus propias palabras, aprendió más en ese mes que todo un año de estudiar teoría.

Sean enfatizó que la mejor forma de aprender sobre el intercambio de opciones es hacerlo realmente. Es un gran defensor de comenzar con pequeños comercios tan pronto como sea posible. Cuanto antes

67

comience a operar con dinero en vivo, más pronto comenzará a ver resultados.

CAPÍTULO 5: eBooks

La creación de un libro electrónico es, por lo general, el primer paso que los emprendedores entusiastas hacen al comenzar en línea. ¿Por qué? Es rápido, es barato y requiere un mínimo de habilidad escribir un libro electrónico.

" ¿Por qué no pasar por la puerta del éxito? Para hacerlo, publique un libro. Nada elevará su estatus como un libro. Es credibilidad instantánea. Le ayudará a dejar su legado, inspirar a su audiencia y motivar al mundo. hará que la gente se entusiasme, comunicará su misión y comenzará un movimiento." – Craig Ballantyne

Tan pronto como comienza a vender productos, reduces el ciclo de cambiar su tiempo por dinero. En la introducción, mencioné que el 99% de las personas intercambian su tiempo por dinero, lo que significa que siempre tienen que volver a trabajar si quieren que les paguen. Piénselo: usted escribe un libro electrónico una vez, y continuamente puede ganar dinero sin ningún esfuerzo adicional.

Cada eBook nuevo que junta se convierte en una nueva corriente de ingresos para usted. Esto me recuerda algo que he leído una y otra vez: "El millonario típico tiene alrededor de 7 flujos de ingresos". ¡Cree un eBook y estará en camino hacia ese mágico número! Cree un segundo libro y hay un segundo flujo de ingresos. Es así de simple.

Los márgenes de beneficio en eBooks pueden ser del 100%. Como son un producto digital, eliminas el inventario, los gastos generales, el envío y el otro costos prohibitivos de entrada de libros físicos. No importa si vende uno o 25,000, los costos para usted no cambiarán.

Como todo está en línea, también tiene todo el mundo como su mercado. Su grupo de clientes potenciales ya no está restringido a su estado, país o incluso a su continente. Al instante, obtiene acceso a todo el mercado global de consumidores.

Mark Anastasi, autor del bestseller del New York Times "The Laptop Millionaire", usó precisamente esta estrategia para pasar de las personas sin hogar a ganar $330 por día en solo unas pocas semanas. Tuve la suerte de entrevistarlo y compartió su fórmula para crear libros electrónicos con éxito.

Cómo comenzar

Parece que todos los que han escrito un libro sobre libros electrónicos, o incluso libros electrónicos sobre libros electrónicos, tienen su propia "mejor" estrategia, pero todos se reducen a los mismos pasos básicos.

1. Encuentre un mercado objetivo

2. Averigüe qué quiere o necesita ese mercado

3. deselos

Suena bastante fácil. Vamos a hablar de cada paso con más detalle a continuación.

Encuentre un mercado

¿Qué es un mercado? Un mercado es un grupo de individuos que están interesados en lo mismo. Digamos que uno de sus hobbies es recolectar rocas. Sé que pensó que estaba solo con tu extraña obsesión, pero créalo o no, ¡hay muchas otras personas que aman la recolección de rocas tanto como usted! Eso es un mercado

¿Ha tenido una infestación de termitas, hormigas o roedores en su casa que pudo resolver sin tener que llamar a un exterminador usando un remedio casero inteligente? Hay miles de personas con infestaciones que les ENCANTARIÁ deshacerse de ellas. Si encontro la forma de hacerlo, ahí está su mercado. Mejor aún, porque fue capaz de resolver ese problema sin un exterminador, su producto no solo puede deshacerse de las infestaciones de las personas, ¡sino que también puede ahorrarles dinero! Así es como se entrega un valor serio.

La mejor forma de encontrar un mercado es elegir algo que a usted le interese. De esta forma, nunca se cansará de crear productos y realmente querrá servir a ese mercado. Para encontrar mercados potenciales, piense en:

- ¿Qué le interesa?

- ¿Qué hace con sus amigos?

- ¿En qué tema se consideras un experto?

- ¿Cuál es su deporte favorito?

- ¿Qué problemas ha resuelto usted mismo?

La lista sigue y sigue. Todo lo que se busca en línea es un mercado. Cuanto más pequeño es el mercado, más "nicho" es. Hay mercados amplios, y hay nichos, y hay de nichos a nichos: las posibilidades son infinitas. Una de las mejores maneras de averiguar qué se está buscando en línea es ir a Google Adwords.

(https://www.google.com/adwords/).

Todo lo que tiene que hacer para comenzar es crear una cuenta. Una vez que haya iniciado sesión, se le guiará al primer paso, "Acerca de su negocio". En realidad, no importa lo que ponga aquí: simplemente continúe con el paso 2, "Su primera campaña". Aquí es donde ingresa sus palabras clave Vea abajo.

¡Resulta que recolectar rocas no es una obsesión tan extraña después de todo! Con un total de 69.500 búsquedas mensuales para esas tres palabras clave, en realidad es un mercado bastante sólido. ¿Ve lo valiosa que puede ser esta herramienta? En este punto, no hay necesidad de ir más lejos con la herramienta, a menos que desee hacer búsquedas de diversión (que, debo admitir, lo he hecho. Es bastante esclarecedor ver cuántas personas buscan las mismas cosas usted está buscando).

Desea encontrar un mercado de aficionados rabiosos, personas que son tan apasionadas con su nicho que comprarán cualquier cosa y todo lo relacionado con eso. Una gran fuente para encontrar estos aficionados rabiosos es www.meetup.com. Este sitio web enumera grupos de todo el mundo. El sitio web afirma tener 27,47 millones de miembros que conforman 255,791 grupos en 179 países. Es un recurso fantástico para encontrar aficionados a cada pasión bajo el sol. No solo puede unirse a los grupos que le interesan, también puede encontrar personas para entrevistar sobre el siguiente tema que está investigando.

Una vez que haya identificado un posible mercado, hay algunas preguntas que querrá hacerse antes de seguir adelante.

Pregunta 1: ¿El mercado es lo suficientemente grande para su producto?

Desea permanecer en algún lugar entre 30,000 a 100,000 búsquedas en Google por mes. Incluso un fuerte mercado de búsqueda de 10.000 o 6.000 puede hacerle ganar dinero, porque un nicho más pequeño significa menos ventas, pero también significa que puede cobrar un precio más alto. Cuanto más especializado se obtiene, más esas personas están dispuestas a pagar por su producto. Lo crea o no, puede acceder a un "micro-nicho" y hacer una fortuna, pero su mercado todavía tiene que alcanzar un cierto tamaño para que esto funcione.

Pregunta 2: ¿este mercado tiene dinero?

Esto puede parecer obvio, pero se sorprendería de la frecuencia con que la gente no piensa en esta pregunta antes de comenzar a escribir su libro. Si escribe un libro electrónico sobre cómo ayudar a los jóvenes pobres y empobrecidos en las casas hogares a encontrar buenos padres, su mercado es pequeño y está empobrecido. No importa cuán útil sea su información, ese mercado no tiene dinero para gastar en su producto. Debe asegurarse de que su mercado objetivo tenga ingresos disponibles.

Pregunta 3: ¿hay un buen potencial de back-end?

El potencial de back-end significa que una vez que los clientes han realizado la compra inicial, ¿hay más productos y servicios que pueda vender en el futuro, idealmente a precios más altos? Según www.invespcro.com, cuesta cinco veces más atraer a un cliente nuevo que mantener uno existente. No solo eso, sino que el sitio también dice que la probabilidad de vender a un cliente existente es del 6070%, mientras que la probabilidad de vender a un nuevo cliente potencial es del 5-20%. Los clientes existentes también tienen un 50% más de probabilidades de probar nuevos productos y gastan un 31% más en comparación con los nuevos clientes. Básicamente, una vez que realice algunas ventas, SUS CLIENTES EXISTENTES SON SU NEGOCIO.

Es imperativo que encuentre un mercado que quiera comprar su producto, y que encuentre un problema dentro de ese mercado que pueda resolver. Uno de los grandes errores que las personas cometen es que se les ocurre un tema que disfrutan o del que saben mucho. Luego pasan semanas o meses creando el producto, y luego miran quién querría comprarlo. Tiene que hacerse al revés. Encuentra a sus compradores primero. Cree su producto en segundo lugar.

Descubra lo que ese mercado quiere

¿Cómo averigua qué quiere su mercado? Investigación, investigación, investigación. Esto es extremadamente importante. No quiere pasar semanas armando un libro sobre "Cómo instalar Widget Software XYZ en Windows 10", solo para encontrar otro video acerca de EXACTAMENTE lo mismo. No estoy diciendo que necesariamente necesite encontrar un mercado sin explotar, pero si existe un producto de réplica exacta, querrá saberlo más pronto que más tarde.

Una de las razones principales por las que las personas se conectan es encontrar una respuesta a su problema. Entonces puede ir a Google y escribir cosas como:

- Como

- Tutorial

- Paso a paso

- Instrucciones

- Consejos

Por supuesto, necesita hacer estas búsquedas específicas para su nicho. "Cómo recolectar rocas", "la guía paso a paso para las rocas", etc. Si su nicho está constantemente buscando instrucciones para comenzar una granja de hormigas, debe proporcionar esas instrucciones. Si alguien más ya lo ha hecho, hágalo mejor con más detalles o agregue videos. Encuentre una manera de hacer que su producto se destaque.

Incluso puede investigar qué productos relacionados con su nicho venden mejor. Investigue las siguientes preguntas:

- ¿Qué productos venden mejor en eBay?
- ¿Qué productos venden mejor en Amazon?
- ¿Qué libros venden lo mejor en Kindle?

¿Cómo pueden ayudarle esas preguntas? Digamos que va a Amazon y un libro llamado "Cómo arreglar una bombilla" es un best seller, pero el libro tiene 10 años. ¡Actualizarlo! Ese mercado obviamente tiene demanda, y necesitan algo actual, por lo que esta es una oportunidad perfecta.

Incluso puede configurar una página de squeeze, o flycatcher. Una página de flycatcher es un sitio web donde le pregunta a sus clientes potenciales, o incluso a clientes actuales, qué temas se deben cubrir en su próximo libro electrónico, o qué preguntas pueden tener sobre su nicho de mercado. Escribirán sus respuestas y obtendrá sus comentarios directamente en su bandeja de entrada. ¡Ahora sabe lo que su mercado quiere!

Déselos

Ahora aquí es donde crea su contenido y hace su marketing.

Paso 1: capture su contenido

Esto se puede hacer de muchas maneras:

Pagina Squeeze

Como mencioné anteriormente, una página de squeeze (o flycatcher) puede ser una gran herramienta. Una vez que recupere las respuestas de su mercado, cámbielas a las 10 preguntas más comunes que las personas tienen sobre su nicho de mercado. Haga que cada pregunta sea su propio capítulo. Luego responda sus preguntas. ¡Aquí está su libro electrónico de 10 capítulos!

Empiece a escribir

Si ya es un experto en el tema sobre el que está escribiendo, ¡proponga algunas cosas que quiera analizar y empiece a escribir! La clave es crear un resumen de sus temas. Si no le gusta escribir, encienda una grabadora y comience a hablar sobre su tema. La clave es sacar su contenido a la luz. NO se preocupe por errores gramaticales o errores tipográficos en este punto. Nuevamente, solo quiere sacarlo todo.

Entreviste Expertos

Si no sabe lo suficiente sobre su tema, siempre puede entrevistar a personas que sí lo conocen. Esta es una de las mejores estrategias de creación de productos que existen. Todo lo que necesita hacer es investigar quiénes son los expertos en su nicho. Simplemente vaya a Google y escriba "nicho" y "experto". Una vez que encuentre algunos expertos en su nicho, cortésmente pídales una entrevista. La mayoría de ellos se sentirán halagados y dirán que sí, especialmente si su nicho es pequeño y no recibe mucha publicidad.

Una vez que encuentre un experto que esté dispuesto a hacer una entrevista, elabore una lista de preguntas para formularles, prepare su software de grabación y llámelos para la entrevista. Esa primera entrevista puede convertirse fácilmente en su primer capítulo. ¡Encuentre nueve expertos más y ahora tiene otro eBook de 10 capítulos lleno de consejos de expertos! Todo lo que tiene que hacer es transcribir las grabaciones (que puede subcontratar a alguien en www.upwork.com; incluso puede usar Upwork para encontrar a alguien que escriba todo el eBook de 10 capítulos sobre la base de las entrevistas) y convertirlo en un bonito y limpio formato de capítulos. La mejor parte de este proceso es que, aunque no supiera nada sobre el cultivo de habas, ahora que ha entrevistado a 10 expertos en el cultivo de habas y ha escrito un libro electrónico al respecto, ¡se lo considera un experto en el cultivo de habas!

No solo eso, sino que ahora tiene grabaciones de expertos en su nicho que puede subir a tu sitio web. Puede cobrar una tarifa de membresía a su sitio para obtener entrevistas completas con los expertos. Así es como comienza a venderle mejor sus clientes existentes.

Compre eBooks con derechos de etiqueta privada (PLR)

Los libros electrónicos derechos de etiqueta privada son productos que ya se han escrito y que ahora se venden. Cuando compra productos de PLR, está comprando los derechos de cambiar todo lo que desee en el producto, venderlo y conservar todo el dinero.

Por ejemplo, podría encontrar un producto de PLR en el cultivo de habas con un título aburrido. Cambia el título a algo atractivo, ponerle su nombre e imagen en él, crear un sitio web para él y comienza a vender.

Incluso puede comprar tres o cuatro productos PLR, combinarlos en un solo producto, ¡y hay otro eBook listo para usar!

Productos de licencia

La licencia de productos no implica la creación de ningún producto en su extremo. En cambio, está licenciando el producto de otra persona. Digamos que lee un eBook y le encanta. Solo tiene que acercarse al creador de ese producto y ofrecerle una cierta cantidad para licenciarlo. Si están de acuerdo, eso significa que ahora tienen derecho a vender el producto y conservar el 100% de las ganancias!

Sugerencias de expertos

Mark también brindó algunos consejos sobre cómo crear un eBook que se vende extremadamente bien:

1.　No se obsesione sobre qué tan buena es su escritura, o cuánta credibilidad tiene en su nicho. Realmente se reduce a la cantidad de valor que su libro tiene para sus clientes.

2.　Cree un gran título. Mark define esto como un "gancho de comercialización de millones de dólares". El título del libro es extremadamente importante. Por ejemplo, podría llamar a su eBook "Twitter Marketing" o "Secretos de Twitter revelados". Esos son títulos decentes, pero lo que es aún mejor es algo con cantidades y plazos. Por ejemplo: "Cómo obtener 100.000 seguidores de Twitter en 30 días". Ese es un título que se venderá. El 90% del éxito de un libro se reduce al titular.

3.　Elija un tema en el que las personas estén interesadas de manera irracional y apasionada. Desea aprovechar los consumidores que están entusiasmados por encontrar una solución, en este momento. Hay tres mercados principales de información que se ajustan a la ley: productos que tienen que ver con ganar dinero o éxito en los negocios, productos sobre la salud o la pérdida de peso, y cualquier producto que tenga que ver con las relaciones y el amor.

Paso 2: Edite su contenido

Ahora que ha capturado toda su información bruta, debe transformar los datos en un producto presentable.

Asegúrese de mantener el conocimiento y el nivel de habilidad de su grupo demográfico objetivo en mente. Si está escribiendo una guía práctica para principiantes, asegúrese de ser muy detallado acerca de cada paso en el camino. Evite la jerga específica de su nicho, o asegúrese de definirlo la primera vez que se usa.

Asegúrese de que su contenido fluya lógicamente. Es por eso que un bosquejo es tan importante. Con un esquema, puede diseñar todos los capítulos de su libro en orden y luego comenzar a escribir. No es imposible hacerlo al revés, pero probablemente perderá el tiempo retrocediendo y reorganizando las cosas más adelante.

Una vez que tenga todo junto, el siguiente paso es mostrar su documento a alguien con ojos nuevos y obtener una evaluación honesta. Lo mejor es evitar cónyuges o padres para esta parte, porque hay muchas posibilidades de que le digan que es genial, independientemente de lo horrible que sea. Quiere una opinión imparcial.

Paso 3: entregue su contenido

Esta es la gran pieza del rompecabezas que falta para la mayoría de los principiantes, y la razón por la que ni siquiera se molestan en intentar crear un producto en primer lugar. ¿Debería crear primero un sitio web? ¿Enlistar el eBook en línea primero? ¿Cómo se supone que debe ser el proceso? Pongamos los pasos en orden para usted.

Crear su sitio web

El primer paso para crear su sitio web es elegir un buen nombre de dominio. Un nombre de dominio es su dirección web. Por ejemplo, www.thepassiveincomemachine.com es mi nombre de dominio. Elegir su dominio es extremadamente importante. Debe elegir un nombre de dominio que refleje con precisión su nicho de mercado y tenga sentido para su mercado. No elija pizza.com si su producto es sobre hamburguesas.

No se preocupe por ser demasiado específico en su dirección web. Piense en las personas que están buscando en Internet: si solo están navegando, buscarán términos muy amplios como "fideos" o "camiones". Pero si realmente quieren COMPRAR un producto, buscarán el producto específico que tenga en cuenta, como "Ford F-150 FX4 2016 de menos de 100,000 millas para la venta". Cuanto más pequeño sea su nicho, y cuanto más adaptada sea su dirección web, mayores serán sus posibilidades de ser el primero en los resultados de búsqueda de Google para alguien está buscando hacer una compra.

Otro factor importante en su nombre de dominio es elegir siempre los nombres ".com" (a diferencia de .biz, .net, .guru, etc. - en realidad hay muchas opciones). La mayoría de las personas asume que .com es el final del nombre de su sitio web, así que eso es lo que escriben en la barra de direcciones. Si su sitio es realmente ".org" y no ".com", los clientes terminarán en el sitio de otra persona, y definitivamente no quiere eso. Es como si alguna vez pensó que recordaba un número 1-800, pero cuando llega a casa y marca, obtiene algo completamente diferente porque el número que realmente quiere es un número 1-888. ¿Ve el problema? Quédese con ".com".

Una vez que tenga su nombre de dominio, debe configurar el alojamiento de su sitio web. No es necesario que le pague a alguien mucho dinero por esto; hay fantásticos servicios de hosting por menos de $5 por mes. Visite www.godaddy.com o www.bluehost.com como algunos puntos de partida.

La mejor parte de los dos proveedores de hosting que acabo de mencionar es que también proporcionan constructores de sitios web, generalmente de forma gratuita, cuando compra un nombre de dominio o servicios de alojamiento. Tienen sitios web de plantilla prefabricados para elegir y modificar para su propio sitio web. No necesita colgarse en este paso, solo elija uno y listo.

Por cierto, también puede pagar a alguien en www.fiverr.com para crear su sitio web para usted, generalmente por menos de $100. Simplemente dígales todo lo que desea que el sitio web diga o haga, y lo crean para usted.

Crear una página de ventas

Una página de ventas es una página de inicio en su sitio web que detalla por qué el cliente necesita comprar su producto. Esto es lo que la mayoría de los vendedores de información usan para vender sus productos. ¿Por qué? Porque funciona

Hay una fórmula bastante específica para las páginas de venta que se ha utilizado durante décadas. Desde infomerciales en TV a sitios web, esta fórmula es casi siempre la misma, y eso es porque la fórmula funciona. Si no está roto, no lo arregle.

1. Presente el problema: ¿Qué problema tiene su mercado objetivo?

2. Diríjase a su solución: ¿Qué pasaría si hubiera una forma de resolver este problema?

3. Presente su libro electrónico: revele su libro electrónico y dígale a su audiencia que es exactamente lo que han estado buscando para resolver ese problema.

4. Insertar testimonios: cuando las personas piensan que se están perdiendo de algo, les hace querer unirse más.

5. Enumere los beneficios de su libro electrónico, no las características: enumere los resultados deseados que tiene su mercado. "Pierda peso". "Ahorre dinero."

6. Haga su oferta: Dígales exactamente qué van a obtener por el precio. "¡Descuento de 65% en el valor de venta!"

7. Haga una lista de sus bonificaciones: siempre incluya algo extra. ¿Aún tienes esas grabaciones de entrevistas en alguna parte?

8. Incluya una garantía: siempre incluya una garantía. "30 días de garantía de devolución de dinero."

9. Agregue escasez: "Oferta de tiempo limitado" o "¡Llame en los próximos 90 minutos antes de que nos quedemos sin producto!"

10. Dígales exactamente qué hacer: algunas personas hacen lo que les dicen. Es así de simple. "¡No olvide agregar el producto a su carrito y realizar la compra! ¡No hay mejor momento que ahora!"

Si no puede crear una buena carta de ventas usted mismo, considere contratar a un profesional para que lo haga por usted. Podría decirse que esta es la parte más importante del proceso, por lo que gastar unos pocos dólares para un escritor de ventas con talento puede generar enormes dividendos en el futuro.

¿Cómo le pone precio a su producto?

Las reglas generales al fijar el precio de su producto son:

> 1. Desarrolle un producto de alta calidad en lugar de uno de bajo precio..
>
> 2. Evita productos por debajo de $30.
>
> 3. Intente alcanzar el punto de equilibrio con solo 15-20 ventas..
>
> 4. Ponga precio a sus productos en función del valor que brinda al cliente, no de cuánto cuesta producirlo.

Recuerde, las personas generalmente asocian el precio con la calidad. No está tratando de vencer el precio de Wal-Mart; le está poniendo precio según la cantidad de valor que ha entregado.

Cuando entra en una tienda y ve dos de los mismos productos en las estanterías, pero uno tiene un 50% de descuento, inmediatamente pregunta a un empleado: "¿Qué tiene este?" No establezcas el precio demasiado bajo en su producto; recuerde, está lleno de VALOR.

¿Cómo vende su producto?

No puede poner su eBook en manos de los clientes si no pueden encontrarlo.

¡Liste en todas partes! Puede convertir un solo libro electrónico en 100 flujos de ingresos diferentes. Puede enumerarlo en su propio sitio web, en Amazon, eBay, Clickbank, Apple iStore, Lulu, Nook Press, Smashwords, Lightning Source, BookBaby: la lista es interminable.

Para aún más lugares para enumerar, compre un software de grabación y grabe usted mismo leyendo su libro. Luego, véndalo en iTunes, Audible.com, Amazon o Audiobooks.com.

Una vez que obtenga el libro electrónico en línea, puede usar algunos anuncios de pago por clic con Google Adwords para atraer tráfico a su sitio web. Al igual que usamos Google Adwords antes para descubrir nuestro nicho, podemos finalizar el proceso con las mismas palabras clave para el marketing. Recuerde mantenerse muy específico con sus palabras clave. No sirve de nada pagar la publicidad cuando las personas que quieren comprar autos de carrera encuentran su sitio web sobre burros.

Los anuncios de Facebook pueden ser una oportunidad fantástica porque Facebook puede dirigirse a un tipo de persona extremadamente específico para mostrar su anuncio. Puede establecer su objetivo a algo así como "mujeres solteras entre las edades de 25-35 que disfrutan de ir de excursión y viven en Texas". Con ese nivel de detalle, puede tener anuncios muy enfocados a través de Facebook.

Puede comunicarse con blogs que le gustan o buscar blogs en su nicho y contactar a los propietarios. Por lo general, tiene que pagarlos por adelantado, pero esta es otra gran manera de obtener una buena publicidad dirigida.

Una de las mejores formas de obtener más clientes es estableciendo un programa de afiliados. Un afiliado es alguien que anuncia su libro por usted, y le paga una comisión cada vez que realiza una venta. El uso de afiliados suele ser mucho más efectivo que cualquier otra fuente publicitaria. Tiene un extraño que está extremadamente motivado (porque les pagan) tratando de vender su libro por usted. ¡Es fantástico!

www.clickbank.com es probablemente el mercado de afiliados más popular del mundo. ¿Como funciona? Solo tiene que registrarse para vender su eBook en Clickbank, y ya tienen un programa de afiliación integrado. Envía su oferta y los afiliados le responden. Puede elegir pagarles 20% - 75% de comisión. Si ofrece una comisión baja, no estarán tan incentivados como lo serán con una comisión del 75%. Cuanto más los ofrezca, más querrán vender su producto.

Mark proporcionó un ejemplo de una mujer que él sabía que generaba alrededor de $1,000,000 por año solo con libros electrónicos. Mencionó que cuando comenzó, solo vendía en ClickBank, nada más. Luego asistió a un seminario donde esta mujer estaba hablando.

Tenía alrededor de 120 libros en Amazon y otras plataformas, y ganaba alrededor de un millón de dólares al año con estos 120 libros. Le pagaría a los escritores para que crearan un libro, con un costo de alrededor de $700 por libro electrónico terminado.

El mensaje de su charla fue este: ¿por qué solo vender en ClickBank? Puede vender en ClickBank para empezar, pero también puede vender el mismo libro en Amazon Kindle, a través de Lightning Source como un libro físico, a través de Smashwords con la red de Apple, en iTunes y más. ¿Por qué no venderlo a través de plataformas de libros electrónicos como Kobo, Lulu, Draft 2 Digital, Ingram, Noble, PubIt, Book Tango, Book Baby y Nook Press?

Mark ahora compiló una lista de 100 librerías diferentes y plataformas de publicación de libros. A través de estas plataformas, Mark y su compañía venden tanto libros electrónicos como libros físicos a una audiencia masiva de lectores.

Continuó explicando que también están vendiendo estos libros a través de ACX. El sitio web acx.com permite a los vendedores de libros electrónicos cargar la versión de audiolibro de su libro y venderla a través de Amazon, Audible y iTunes. Además de esto, Mark también alentó a los empresarios a pensar en crear un curso en video de su libro si se trata de una guía práctica o informativa. Los cursos de video se pueden vender a través de Udemy, Lola u otros sitios similares.

Si puede acceder con éxito a varias de estas plataformas, en lugar de tener solo una fuente de ingresos de su libro electrónico a través de Clickbank, ahora puede venderla a través de 100 librerías en línea diferentes y plataformas de publicación de libros. Plataformas de publicación de libros electrónicos, plataformas de venta de audiolibros, plataformas de venta de videos en curso: estas son solo algunas de las fuentes de ingresos que puede obtener de su libro.

Mark dijo que incluso conoce a personas que ganan mucho dinero vendiendo sus videos con un descuento a través de Groupon y muchos otros sitios de "Deal of the Day". Con este enfoque multiplataforma, puede tomar un solo libro electrónico y convertirlo en 120 diferentes flujos de ingresos.

¿Cómo conduce tráfico hacia su eBook?

Google Adwords es la forma más común de dirigir el tráfico a su sitio. En mi entrevista con Mark, dijo que estaba pagando unos $0.05 por clic, lo que significa que por cada $5 que gastaba en Adwords, recibiría 100 visitas a su sitio. Dos de esos 100 estaban comprando su producto. Eso significa que por cada $5 de publicidad, generaba $134 en ingresos (su primer libro electrónico sobre el tratamiento natural para la diabetes era de $67). Pasó de hacer cero a cinco ventas por semana con Google Adwords.

Para este primer libro, Mark también usó Clickbank y encontró afiliados para ayudarlo a vender. Acordó dividir los ingresos de cada venta 50/50 con los afiliados. Hicieron la publicidad del libro creando blogs y sitios web para generar tráfico, y lo hicieron de manera gratuita a cambio de sus comisiones. Es por eso que es extremadamente importante dar a los afiliados al menos el 50% de comisión. Si no lo hace, no tendrá ninguna razón para trabajar duro para vender su libro. Para la relación más productiva con sus afiliados, necesitan tener algo de dinero de por medio.

Entonces, ¿cómo se puede generar $ 100K por año con eBooks?

Ha identificado un gran mercado, ha entrevistado a los expertos y tiene su libro en línea para vender. ¡Estupendo! Si vende lo suficiente como para hacerle $100K, ¡felicitaciones! Pero la forma más fácil y más infalible para hacer seis figuras con eBooks es el potencial de back-end.

Digamos que usted vende 100 copias de su eBook. Ahora, ¿tiene otras cosas que puede ofrecer a esos 100 clientes en su lista de correo? ¿Puedes ofrecerles entrenamiento? ¿Puedes venderles un seminario? ¿Puedes venderles otro curso? ¿Puede venderles un curso diferente cada mes? ¿Puede hacer que se interesen en un sitio de membresía? La idea es encontrar algo que le permita continuar su relación con ese comprador, algo que le permitirá ayudarlos aún más o más rápido con respecto a un problema al que se refirió en su primer libro electrónico.

La mayoría de las ganancias en cualquier negocio generalmente está en el back-end. Usted hace la venta principal por $20, $30, $40, $50 o $60, pero la mayor parte de sus ganancias se destinará a lo que puede vender después de eso, en incrementos de $200, $300 y $500.

¿Recuerda lo que dije algunas páginas antes sobre sus clientes existentes? Según www.invespcro.com, cuesta cinco veces más atraer a un nuevo cliente que conservar uno existente. Si bien la probabilidad de vender a un nuevo cliente potencial es del 5-20%, la probabilidad de vender a un cliente existente es del 60-70%. Los clientes existentes también tienen un 50% más de probabilidades de probar nuevos productos, y normalmente gastan un 31% más de dinero en comparación con un nuevo cliente. Básicamente, una vez que realice algunas ventas, SUS CLIENTES EXISTENTES SON SU NEGOCIO.

100 clientes existentes pueden valer mucho más que 20,000 clientes potenciales.

Aquí hay un ejemplo de vida real de esto en acción. Mark proporcionó algunos números para su libro, "The Laptop Millionaire". Ese libro se publicó en el 2012. Vendió más de 100.000 copias y superó los $1.7 millones en 12 semanas. La clave de este éxito fue la venta adicional con su seminario. A los lectores les encantó el libro y querían saber más, por lo que los seminarios de ventas que Mark ofreció fueron un gran éxito.

En otro ejemplo, entrevistó a 12 vendedores de Facebook para averiguar cómo ganar dinero en Facebook. Publicó sus hallazgos como un libro electrónico y lo lanzó en ClickBank. Ese eBook generó $400,000 en 30 días. Los ingresos estuvieron compuestos por 5,000 compradores en esos 30 días, con una venta adicional además del libro. Acceder al potencial de back-end con ventas adicionales bien posicionadas es la clave para ganar mucho dinero con eBooks.

CAPÍTULO 6: Sitios de membresía

Los sitios de membresía son una forma fantástica de ganar dinero en línea. El beneficio más obvio de ser propietario de un sitio de membresía es, por supuesto, los pagos mensuales recurrentes para usted. Además, si puede obtener una base de membresía decente, no es raro que los sitios de membresía se vendan en seis dígitos.

Beneficios del sitio de membresía

Existen numerosos beneficios al crear un sitio de membresía, pero estos son algunos de los principales:

Ingresos incrementados: los pagos financieros de los sitios de membresía pueden ser sustanciales. Básicamente es como vender un producto, luego recibir un pago una y otra vez por ese producto cada mes. Todo lo que necesita es una pequeña base de miembros para ganar dinero en efectivo. Si solo tiene 200 miembros, pero le están pagando $25 por mes, ¡recibirá $ 5,000!

Lealtad del cliente: cuando vende un producto, realmente no tiene la oportunidad de construir una relación sólida con ese cliente. Pero si se convierten en miembros, puede brindarles más valor de manera semanal o mensual y generar lealtad. Es mucho más fácil vender nuevos productos o servicios a un cliente existente que confía en usted que venderle a un cliente potencial.

Sin productos tangibles: el producto principal con casi todos los sitios de membresía es información. La mejor parte sobre la entrega de la información de sus miembros, en lugar de un producto real, es que la información es gratis. No requiere gastos generales, excepto el costo de ejecutar el sitio.

Cómo crear un sitio de membresía gratis

Voy a crear un nuevo sitio de membresía desde cero para mostrarle el proceso. Estoy usando BlueHost para mi dominio y servicios de alojamiento en este ejemplo. Estas instrucciones suponen que ya tiene un sitio web, o que sabe cómo configurar un sitio usando WordPress. Si no, diríjase a BlueHost, GoDaddy o HostGator para configurar su dominio y tu hosting. Asegúrese de que su sitio esté basado en la plataforma WordPress, porque vamos a usar un complemento de membresía de WordPress que se encargará de la mayoría de los detalles del backend que se requieren para ejecutar un sitio de membresía.

Software gratuito para sitios de membresía

Una vez que haya configurado su sitio y su hosting con WordPress, inicie sesión como administrador en su sitio. En su tablero de WordPress, vaya a Complementos> Agregar nuevo. En el cuadro de búsqueda, escriba "S2member" y presione buscar.

Seleccione el complemento S2Member Framework e instálelo en su sitio.

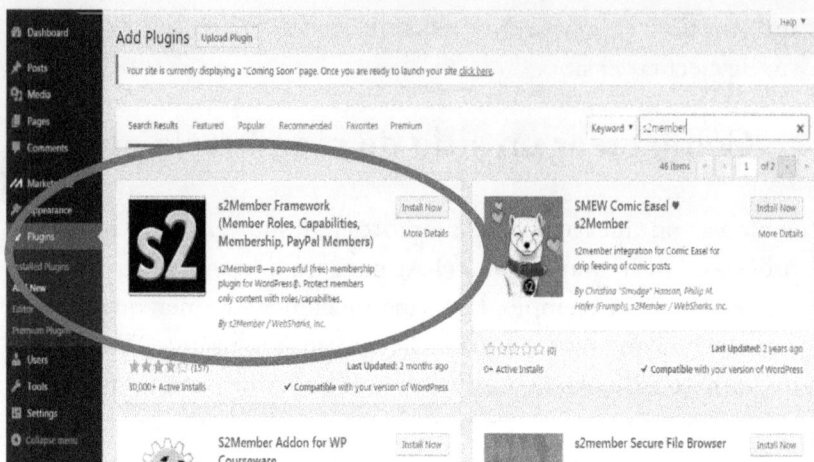

De todo lo que he leído, S2Member parece ser el mejor software para sitios de membresía que existe. La compañía ofrece una versión completamente gratuita y una versión paga. La versión gratuita es más que adecuada para la mayoría de los propietarios de sitios, ya que ofrece funcionalidades que incluyen la integración con algunas de las principales pasarelas de pago como PayPal, Clickbank, Authorize.net y otras.

Una vez que lo haya instalado, lo verá en la página de complementos instalados..

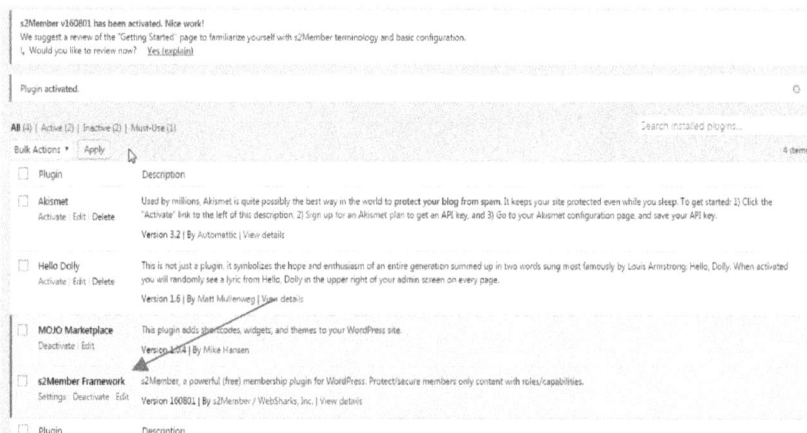

Antes de ajustar la configuración para configurarla correctamente, hablemos sobre cómo funciona S2Member.

1.　Cuando un visitante decide que quiere unirse, se lo enrutarán a una página de Opciones de Membresía. Aquí es donde se ubicarán los detalles como el precio o el servicio, así como los botones de pago reales para que se suscriban.

2.　Cuando el visitante haga clic en el botón de PayPal, lo encaminará al sitio de PayPal, donde el visitante acepta el pago y verifica que los detalles sean precisos. Una vez que se finaliza el pago, se devuelven a su sitio donde usted les proporciona un nombre de usuario y contraseña, o pueden elegir ellos mismos. Desde allí, pueden iniciar sesión en el área del miembro. También recibirán un correo electrónico generado automáticamente que contiene instrucciones adicionales.

3.　La primera página en la que aterrizará es la página de bienvenida de inicio de sesión. Aquí es donde puede dirigirlos a otras áreas del sitio. Si un visitante que aún no es miembro intenta acceder a cualquiera de las páginas protegidas, se las dirigirá automáticamente a la página de opciones de membresía, que es una gran característica.

4.　El plugin maneja todo esto automáticamente para usted. Desde la facturación hasta las suscripciones y las cancelaciones: todo está solucionado.

Configurando el sitio

El primer paso en este proceso es crear dos páginas.

En la pestaña Páginas de su sitio, haga clic en "Agregar nuevo".

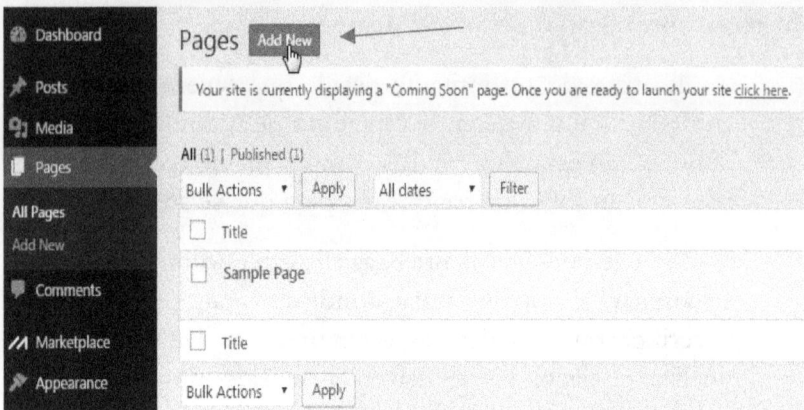

1. Una página de "suscripción": esta es la página de opciones de membresía. Una vez que escriba el nombre de la página, seleccione Publicar.

2. Una página de "Miembros": esta es la página a la que se enrutarán los nuevos miembros después de registrarse.

Una vez que haya agregado estas páginas, podemos configurar el resto del sitio. Estos son los pasos:

- En el tablero, haga clic en la pestaña S2Member.

- Encuentrs "Opciones generales" y hagale clic.

Una vez que haga clic en el botón "Opciones generales", se le presentarán todas las opciones que tenga para configurar los ajustes a su gusto.

Vamos pestaña por pestaña y hacemos la configuración…

1. **Salvaguardas de eliminación de plugins**: esto debe preconfigurarse en Sí para usted. Si no, seleccione Sí

2. **Clave de cifrado de seguridad**: haga clic en "Generar automáticamente". Esto generará automáticamente una clave de cifrado para usted. La clave será una larga serie loca de letras, números y valores especiales. Le sugiero encarecidamente que copie y pegue esto en un lugar seguro.

3. **Desarrolladores Localhost WAMP/MAMP**: a menos que esté configurando S2Member en un host local, esto no lo afectará. Simplemente puede ignorar esta opción.

4. **Carga diferida de CSS/JS**: Esta será predeterminada como No. Dejela como está

5. **Insignia de seguridad de S2Member**: esto depende de si desea mostrar o no una insignia de seguridad en su sitio. Totalmente opcional. Por el bien de este ejercicio, lo dejaremos como el valor predeterminado, No.

6. **Configuración del correo electrónico:** los correos electrónicos deben establecer de forma predeterminada la información que proporcionó en la configuración. El correo electrónico de: "Nombre" estará preestablecido como título de su sitio; este es el nombre/dirección que aparecerá en las notificaciones de correo electrónico salientes enviadas por el complemento S2Member. Si desea utilizar un correo electrónico diferente al que se registró, ingréselo en el campo "Dirección de correo electrónico". La "Configuración de correo electrónico de nuevo usuario" se puede dejar en No, que es el valor predeterminado.

7. **Abrir registro:** si está ofreciendo una opción de membresía gratuita, entonces seleccionará Sí. De lo contrario, y solo está ofreciendo opciones de membresía pagada, ingrese No.

8. Niveles/etiquetas de membresía: Aquí es donde definiría lo que desea llamar a sus diferentes niveles de membresía (es decir, Bronce, Plata, Oro, etc.). Puedes dejarlos en las etiquetas predeterminadas por ahora.

9. Diseño de inicio de sesión/registro: el complemento S2Member utiliza los formularios de inicio de sesión estándar de WordPress, pero puede personalizar la página de inicio de sesión a lo que desee. Puede cambiar el color de fondo, el tamaño, la fuente e incluso agregar logotipos.

10. **Campos y opciones de registro/perfil:** Esto le permite decidir si los miembros pueden personalizar sus propias contraseñas y mostrar nombres. Lo mejor es dejar que su nombre de usuario sea un nombre de usuario de su elección, ya que algunos miembros pueden no desear que se muestren sus nombres completos. Si desea permitir que los miembros configuren sus propias contraseñas, cambie la tercera opción (¿Permitir contraseñas personalizadas durante el registro?) A Sí. Puede dejar las otras opciones a sus valores predeterminados.

11. Página de bienvenida de inicio de sesión: en un paso anterior, creamos dos páginas. Aquí, querremos seleccionar la página "Miembros". Esto permite que el complemento S2Member sepa que su página de Miembros está protegida de los no miembros y también redirigirá a los miembros a esta página una vez que inicien sesión. Si su página de Miembros no es una opción, es posible que la haya dejado en estado borrador (que yo hice yo mismo al configurar este mismo tutorial). Es una solución fácil: solo regrese y asegúrese de que ambas páginas estén publicadas.

12. Página de opciones de membresía: aquí es donde selecciona la otra página, "Suscribirse". Esta página mostrará sus botones de pago. Deje la otra opción con el valor predeterminado, Sí.

13. Modificaciones de perfil de miembro: puede dejar esta página en la configuración predeterminada por ahora.

14. Preferencia de servicio de acortamiento de URL: deje esto en la configuración predeterminada.

15. Asegúrese de hacer clic en "Guardar todos los cambios".

¡Ahora tiene la base básica de su sitio de membresía! Establezcamos las opciones de pago a continuación para que podamos ganar algo de dinero.

Configurando PayPal

S2Member permite la integración total con cuentas de PayPal para garantizar que todo sea perfecto. Hay solo algunas configuraciones que deberá configurar en S2Member y su cuenta de PayPal.

Debajo de su pestaña S2Member, haga clic en el botón "Opciones de PayPal".

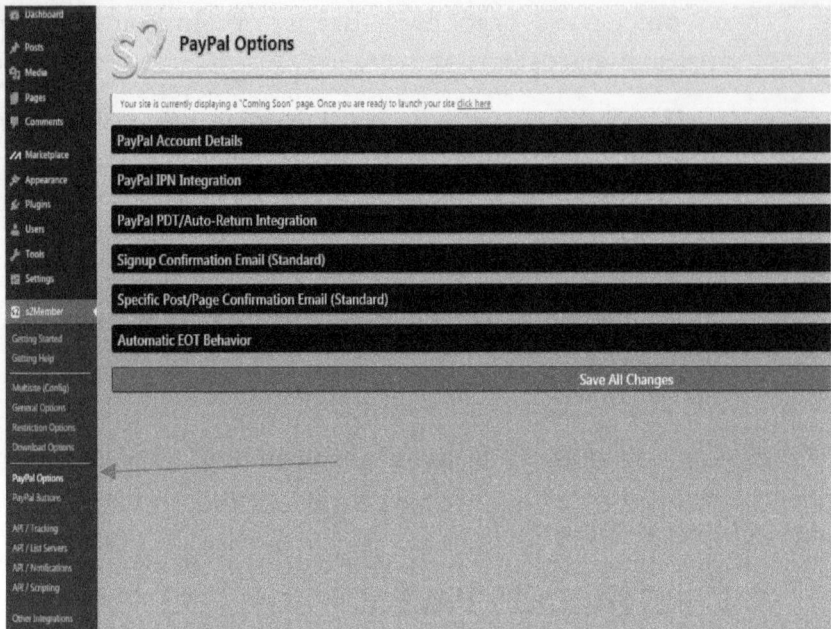

Una vez que haga clic en el botón Opciones de PayPal, verá las seis pestañas enumeradas anteriormente para adaptar su configuración.

1. **Detalles de la cuenta de PayPal:** deberá completar todos los campos obligatorios.

 a. **Su ID de comerciante de PayPal:** deberá actualizarse a una cuenta comercial de PayPal si no tiene una. Luego puede encontrar su ID de comerciante en Mi perfil, luego en Mi información comercial. Su identificación de comerciante aparecerá en la lista debajo de su nombre, correo electrónico, dirección, etc.

 b. **Su dirección de correo electrónico de PayPal:** la dirección de correo electrónico donde obtiene los correos electrónicos de PayPal

 c. **Su nombre de usuario API de PayPal:** en su cuenta de PayPal, vaya a Perfil> Mis herramientas de venta. Ahí verá el acceso API. Si acaba de configurar su cuenta, haga clic en Actualizar. A continuación, desplácese hacia abajo a la sección Integración de la API NVP/SOAP y seleccione Solicitar credenciales de la API. Asegúrese de que la firma de la API de solicitud esté seleccionada y pulse Aceptar y Enviar. Está su nombre de usuario, contraseña y firma.

d. Su contraseña de API de PayPal: consulte el paso C anterior.

e. Su firma de API de PayPal: consulte el paso C anterior.

f. Deje todo lo demás en la configuración predeterminada.

2. **Integración de PayPal IPN:** este paso proporciona las instrucciones que debe seguir. Tendrá que iniciar sesión en su cuenta de PayPal y habilitar su IPN.

3. **Integración de PayPal PDT/devolución automática:** esta pestaña también proporciona sus propias instrucciones.

4. **Correo electrónico de confirmación de suscripción (estándar):** esta pestaña ya está llena. Es para editar el correo electrónico de confirmación que se envía a los nuevos miembros que completan el pago. Siéntase libre de personalizar como mejor le parezca.

5. **Pagina de confirmacion de correo electrónico específico (estándar):** este también está rellenado por usted, pero se puede personalizar según sus preferencias. Esto es para cuando los visitantes paguen para acceder a un contenido específico en su sitio. En realidad, no se convierten en miembros.

6. **Comportamiento automático EOT:** Esto también está lleno y la configuración predeterminada está bien. Esta

pestaña está diseñada para decirle al complemento S2Member que cancele la cuenta de un miembro si cancela su pago de suscripción, tiene una disputa o solicita un reembolso. La única parte que puede querer actualizar es la sección "Reembolsos/Reembolsos parciales/Cancelaciones (desencadenar EOT inmediato)?" De la siguiente opción.

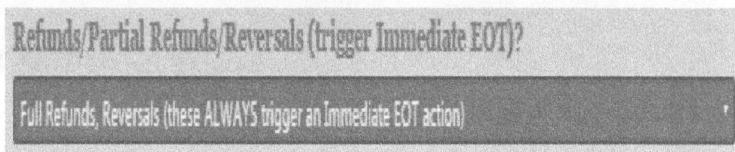

¡Y ahí lo tiene! ¡Acaba de crear un sitio de membresía completamente funcional! Esos son todos los campos obligatorios para que su sitio funcione correctamente.

Hay otras pestañas que no cubrimos, pero son para funciones adicionales que no necesita hasta que obtenga un sitio de membresía más avanzado.

Botones de pago

Estas son las instrucciones para configurar el botón en el que los visitantes harán clic para realizar un pago y convertirse en miembros. Sin ella, no ganará dinero, ¡así que no olvide este paso!

Vaya a la pestaña S2Member y haga clic en "Botones de PayPal."

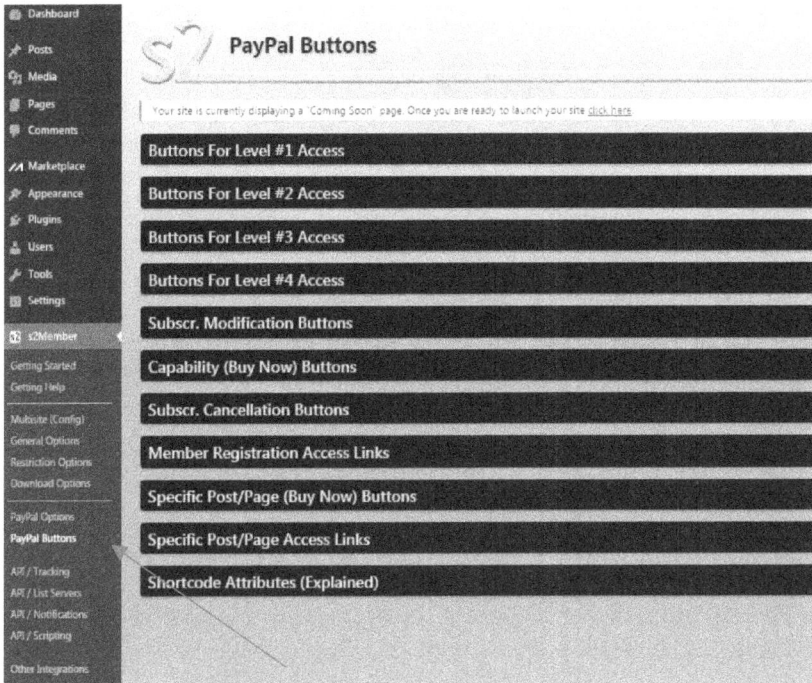

Para facilitar el uso en este ejemplo, podemos suponer que solo tendremos un nivel de membresía. Cobraremos $25 por mes, pero para los miembros que se comprometan a un plazo más largo (seis meses, un año, dos años, etc.), queremos ofrecer un descuento. Usemos $125 para una membresía de seis meses.

Haga clic en "Acceso a los botones para el nivel n.° 1" de las pestañas mencionadas anteriormente. Con base en $25/mes, nuestra pestaña se vería así:

Una vez que ingrese $25, seleccione Mensual (cargo recurrente, para acceso continuo) y actualice su campo de descripción. Luego haga clic en el botón "Generar código de botón". Un código se resaltará automáticamente y todo lo que tiene que hacer es copiar ese código y pegarlo directamente en la página de Suscripción que creó anteriormente. Asegúrese de presionar "Actualizar" en la pestaña Páginas para guardar sus cambios.

Para su opción de membresía de $125 por seis meses, su pestaña se vería así:

Puede crear cualquier variación de membresía que desee. De anual a trimestral, incluso a diario, las opciones entre las que debe elegir son infinitas.

Probablemente se esté preguntando para qué sirven las pestañas Nivel 2, Nivel 3 y Nivel 4. En nuestro ejemplo, configuramos $25/mes como nuestra membresía de Nivel #1. Una vez que tenemos algunos miembros, y el contenido del sitio se vuelve realmente valioso, puede crear otra página en el sitio para obtener más material excelente y cobrar más para obtener acceso a esa página. Ahí es donde usaría la pestaña Nivel 2 y crearía un botón de PayPal por $50 al mes. La configuración de las pestañas es exactamente la misma que la del Nivel 1, por lo que debería poder crear fácilmente ese botón siguiendo los mismos pasos.

Los miembros de nivel 1 solo tendrán acceso al contenido del nivel 1, pero los miembros del nivel 2 ahora tendrán acceso al contenido del nivel 1 y del nivel 2, y así sucesivamente a medida que asciende en los niveles.

Cómo configurar el contenido solo para miembros

Tenemos todo el sitio configurado, tenemos botones de pago; ahora tenemos que configurar las reglas para que los que no son miembros no tengan acceso a páginas exclusivas para miembros. Como solo hemos configurado la membresía del Nivel 1, solo debemos asignar "Requerir nivel 1 (o superior)" al contenido que deseamos solo para los miembros.

Vaya a sus páginas y cree una nueva página. Llamé a mi contenido para este ejemplo. En el lado derecho de la página verá el siguiente cuadro S2Member.

Todo lo que tiene que hacer es presionar el botón desplegable y seleccionar "Requerir nivel #1 (o superior)".

Una vez hecho esto, asegúrese de seleccionar "Actualizar" o "Publicar" para guardar sus cambios. Esta página de "Contenido" ahora solo está disponible para los miembros que pagan. ¡Si los visitantes intentan acceder a la página, S2Member los redireccionará automáticamente a la página Suscribir!

Conseguir miembros

Esta es obviamente la parte más difícil del proceso. Solo nos tomó alrededor de una hora configurar nuestro sitio en pleno funcionamiento, así que si eso era todo lo que se necesitaba para tener un sitio de seis cifras, todos lo estarían haciendo. La parte difícil es encontrar personas que estén dispuestas a pagar su tarifa.

Confianza

La confianza es la clave más importante cuando se trata de conseguir miembros. Sus visitantes tienen que confiar en usted para enviarle dinero por una suscripción. Puede ganarse su confianza de varias maneras:

-   Ofrezca una versión de prueba gratuita: una vez que vean cuán valioso es el contenido de su sitio, se verán obligados a unirse. Esto realmente puede tener un impacto en su tasa de registro. A la gente le encanta probar cosas antes de comprar.

-   Ofrezca una opción de membresía gratuita: la clave es generar confianza a lo largo del tiempo. Una vez que vean el sitio en acción y entiendan que incluso la opción gratuita tiene contenido sólido, tendrán mucha curiosidad por saber qué tan bueno es el contenido de pago.

-   Ofrezca una membresía gratuita en un sitio diferente en el mismo nicho: esta es una gran manera de crear una base de membresía para futuros sitios. Si puede construir, digamos, un sitio gratuito de 100 miembros sobre widgets, luego cree un sitio pago sobre esos mismos widgets, ahora tiene 100 miembros que ya están interesados en ese sitio pago y que ya confían en usted que probablemente esté ansioso por firmar. arriba. El truco es ofrecer valor de forma gratuita y luego aprovechar la confianza que gana al hacerlo.

Tráfico

Para construir una gran base de suscriptores, debes dirigir el tráfico a su sitio. Más específicamente, debe conducir el tráfico dirigido. Si tiene dinero para gastar en publicidad, puede usar Google Adwords. Tómese su tiempo para definir búsquedas específicas relacionadas con el nicho de modo que las personas que aterrizan en su sitio realmente quieran estar allí. En lugar de utilizar el "golf" como una de sus palabras clave, use "cómo seleccionar los mejores zapatos de golf". Ahora, los únicos visitantes que probablemente se crucen con su página sobre los zapatos de golf son las personas que buscan comprar zapatos de golf.

Antes de suscribirse a publicidad pagada como Google Adwords, es imprescindible probar su página de destino. Asegúrese de que sea lo más fácil posible que los visitantes ingresen a su dirección de correo electrónico para que pueda compilar su lista de correo. Ofrézcales valor gratuito diciendo algo así como: "Este libro electrónico es demasiado valioso para distribuirlo públicamente, solo ingrese su dirección de correo electrónico y se lo enviaré en privado".

También puede utilizar SEO (optimización de motores de búsqueda) para que su sitio se clasifique lo más posible en los resultados de búsqueda de Google. No puedo enseñar SEO aquí, pero hay muchos videos y tutoriales en la web para ayudarlo a aprender. También puede pagar a alguien en upwork.com o fiverr.com para optimizar su sitio, que puede ser el método preferido si no desea dedicar horas a estudiar esta práctica.

Miembros felices, vida feliz

Si desea que los miembros le paguen continuamente mes tras mes, debe asegurarse de que valen la pena. Necesitan información actual y valiosa. Estos son algunos de los tipos de sitios de membresía más comunes (y rentables):

Suscripciones de software

Este es sin duda el tipo de sitio más popular. Esto les da a los miembros pagos acceso a un software específico. Por ejemplo, JungleScout.com, que menciono en el capítulo Amazon FBA, es un sitio de suscripción de software. Usted paga una tarifa mensual o anual y puede usar su software.

Enseñando

Ofrecer consejos, o tutoría sobre un tema específico es otro ejemplo. Si tiene un gran conocimiento sobre un tema específico, puede considerar crear uno de estos sitios para compartir sus conocimientos y ayudar a otros (como crear un curso sobre "Cómo crear un sitio de membresía en una hora" como lo acabo de hacer para usted aquí). Si no sabe mucho sobre el tema del sitio que creaste, incluso puede contratar escritores en upwork.com o fiverr.com para escribir contenido para usted que cargue en su sitio.

Estos son solo algunos de los tipos de sitios de membresía disponibles. El enfoque realmente se reduce a brindarles a sus miembros un excelente servicio. Siempre póngase en sus zapatos. "¿Pagaría $25 al mes por esto?" "¿Se puede encontrar este contenido de forma gratuita?"

Cómo ganar $100,000 por año con un sitio de membresía

¡Resuelva los problemas de sus miembros! Esta es la clave definitiva para generar un sitio muy rentable. La mayoría de las búsquedas que se escriben en Google son de personas que buscan una solución o buscan ayuda. Sé esa solución.

Si realmente está resolviendo problemas para las personas, llegar a las seis cifras con su sitio no debería ser tan difícil. Aquí hay un ejemplo.

Digamos que tiene un sitio de membresía que cuesta $20/mes y el 5% de los miembros lo cancela cada mes. Si puede inscribir a 20 nuevos miembros por mes, en el mes 12, tendrá aproximadamente $3,600 en ingresos de 180 miembros.

Usando los números anteriores, en 24 meses, estaría muy cerca del objetivo de seis cifras solo a partir de las cuotas de membresía recurrentes mensuales. Podría incorporar ventas de afiliados, publicidad, etc. para generar aún más ingresos.

CAPÍTULO 7:

Bloging

Los blogs se están convirtiendo en una de las estrategias más populares para generar ingresos en línea. Todos ven estas historias de éxito de los bloggers que hacen seis figuras por mes y piensan que pueden hacerlo fácilmente. Simplemente crea un blog y luego el dinero comienza a llegar.

No es así como funciona, desafortunadamente. La mayoría de los blogs no generan ningún dinero durante años y años. Deben nutrirse y cuidarse como un recién nacido. Crear un blog exitoso puede tomar más tiempo por semana que un trabajo de tiempo completo y esa carga de trabajo puede durar años, pero una vez que haya configurado todo correctamente, puede convertirse en una mina de oro que requiere muy poco esfuerzo continuo.

En este capítulo, voy a seguir el proceso paso a paso que utilizan los bloggers extremadamente exitosos para configurar sus blogs.

¿Por qué deberías crear tu blog?

La clave de cualquier blog exitoso es poder proporcionar valor a los visitantes. Si no lo hace, no tendrá éxito. Es realmente así de simple. ¿Qué significa valor? El valor es cualquier cosa que ayude a los visitantes de cualquier manera, forma o forma.

Necesita encontrar un nicho del que quiera bloguear. Quizás haya encontrado un pasatiempo popular, pero cuando haces clic en todos los blogs sobre él, realmente no encuentras nada útil. Ese puede ser un gran nicho para unirse. La clave es sobresalir y proporcionar contenido valioso, generalmente de forma gratuita. Acostúmbrese a regalar valor de forma gratuita, ya que paga grandes dividendos más adelante.

Entonces, ¿cuál será el objetivo de su blog? ¿Cómo beneficiará su blog a los visitantes? ¿Puede darles buenos consejos ACCIONABLES o es la misma basura que todos los demás están produciendo? Muchas veces en los blogs, encontrará exactamente la misma información publicada una y otra vez con diferentes nombres y números, y nada de eso entra realmente en los detalles de cómo hacer algo. Defina el punto de su sitio y obtenga detalles sobre los pasos necesarios para llegar al resultado deseado.

Si escuchó a la gente hablando de su blog en la calle, ¿qué le gustaría que dijeran al respecto? Piense en eso a medida que publica su contenido. Asegúrese de que su material brinde a los visitantes motivos para hablar extáticamente al respecto. Imagine escuchar a alguien decir que se encontró con su blog y puso su plan en acción, y ahora sus vidas han cambiado. ¿Hay algo mejor que eso? Tal vez su blog es sobre la preparación de golden retrievers. Asegúrese de entregar su explicación con todo detalle para que cada visitante pueda ir a casa y arreglar su oro y saldrán luciendo como perros de exposición.

Cualquiera que sea el tema, asegúrese de que realmente y verdaderamente ayude a las personas que se cruzan con él. Resuelva los problemas de las personas.

Cómo crear un blog

El primer paso para crear su blog es comprar un nombre de dominio y organizar sus servicios de alojamiento. Al igual que crear un sitio de membresía, puede usar los mismos servicios como GoDaddy, BlueHost, HostGator, etc. Al registrarse, deberá completar toda la información y elegir un plan. El plan de un año es un buen lugar para comenzar. Voy a crear un sitio con temática de golf, y usaré www.dropastroke.com para mi dominio.

Instalando WordPress

Una vez que tenga su dominio, alojamiento y un sitio web, deberá iniciar sesión en su cuenta con su proveedor de alojamiento. Luego haga clic en la opción para instalar WordPress. Deje todo en su configuración predeterminada por ahora. Se recomienda que anule la selección del cuadro de temas y complementos recomendados, ya que lo abordaremos en breve. Haga clic en Completar y ya has instalado WordPress. Definitivamente querrá anotar el nombre de usuario y la contraseña, ya que las contraseñas que le asignan son imposibles de recordar.

Una vez que inicie sesión en su sitio usando la URL del sitio de administración y su información de inicio de sesión, se le presentará su pantalla de WordPress.

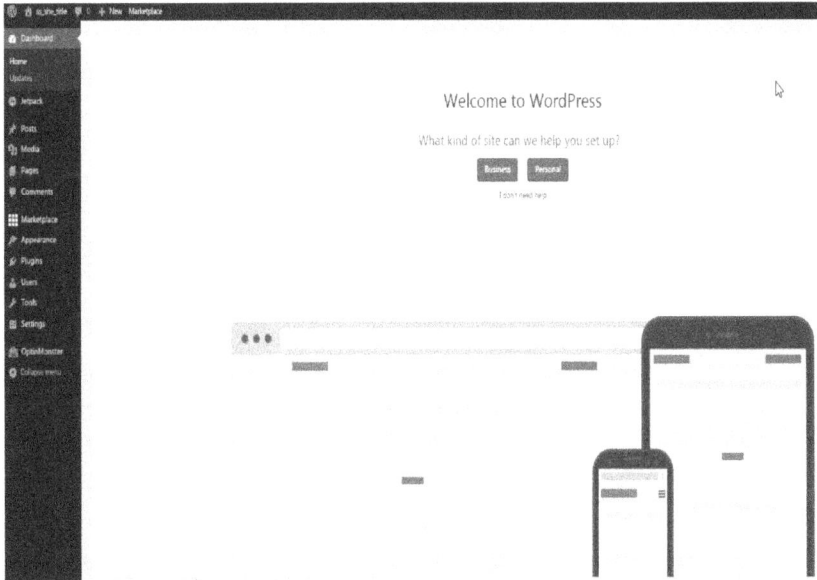

WordPress se creó teniendo en cuenta a la persona promedio. No es necesario que sea una persona de la informática para resolver esto.

Comencemos cambiando el nombre de nuestro sitio para que funcione con nuestro dominio. Cambiaré el mío por algo relacionado con el golf en este ejemplo, pero puede usar cualquier nombre que desee. Vaya a Configuración> General e ingrese el nombre de su sitio en el campo marcado como "Título del sitio". También puede actualizar su lema, que se mostrará debajo de su título cuando el sitio esté en vivo.

Como puede ver, he actualizado el título de mi sitio a "Secretos de Golf" y mi eslogan "A donde van los golfistas". Una vez que haya realizado los cambios, presione Guardar en la parte inferior de la pantalla. Odio la idea de perder todo el trabajo que he hecho y tener que rehacerlo, así que lo salvo después de casi todos los cambios que hago. Nunca se sabe cuándo se apagará la luz, así que lo salvo a menudo.

Permalinks

Los enlaces permanentes son las URL del contenido que publica en su sitio web de WordPress. Son lo que las personas ingresan en la barra de direcciones de su navegador para ver una de sus páginas, y también son lo que los motores de búsqueda y otros sitios usan para vincular a su sitio web. Esto los hace extremadamente importantes para la búsqueda de su sitio.

Para encontrar sus enlaces permanentes, vaya a Configuración> Enlaces permanentes. Todo viene previamente poblado, pero querrá hacer algunos cambios.

Haga clic en Estructura personalizada y copie/pegue lo siguiente:

/%category%/%postname%/

Escogiendo un tema

WordPress ofrece miles de temas entre los que puede elegir, tanto gratuitos como pagados. Vaya a Apariencia> Temas> Temas de WordPress.org, y se le presentarán tantos temas como desee.

Una vez que encuentre uno que le guste, haga clic en "Instalar" y luego en "Activar". Elegí el tema "ColorMag" en mi ejemplo. Una vez que lo haya activado, ¡ahora puede escribir su primera publicación!

Publicando un mensaje

Crear una publicación en WordPress es extremadamente fácil. Solo diríjase a Publicaciones> Agregar nuevo. Verá un cuadro que dice "Ingresar título aquí". Obviamente, es aquí donde ingresa el título de su publicación. En este ejemplo, titularé mi publicación "Golf 101."

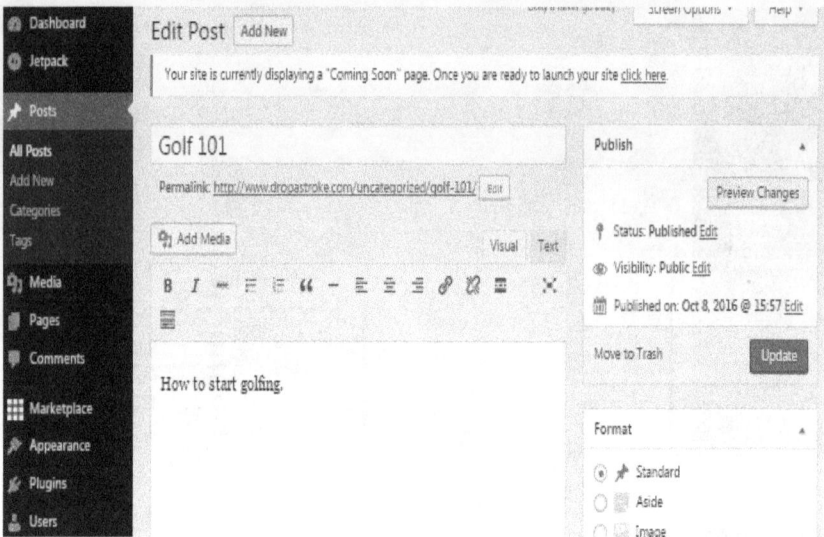

En el siguiente cuadro, escribirá el contenido real de su publicación. Una vez que haya terminado de escribir su publicación, estará listo para publicar. Verá un botón "Publicar" en el lado derecho de la página. Haga clic en eso y verá una fila verde emergente encima de su cuadro de título que dice "Publicada". ¡Acabe de publicar su primera publicación!

Contáctame

La principal forma en que los visitantes se pondrán en contacto con usted es a través de un formulario de contacto. Puede configurarlo usted mismo. Simplemente vaya a Páginas> Agregar nuevo. Ingrese "Contáctenos" en el cuadro Título y luego un breve mensaje en el campo de descripción. Algo como, "Si tiene alguna pregunta o comentario, no dude en enviarme un correo electrónico. Me pondré en contacto con usted lo antes posible. ¡Gracias!".

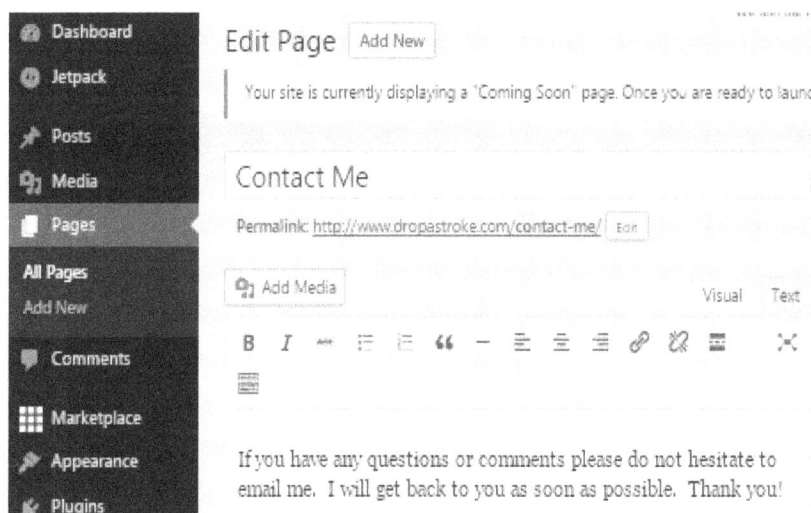

¡Ahora tiene una página completamente funcional!

Antes de hacer público su sitio, verá una página "Próximamente" cuando visite el sitio. En el generador de WordPress, verá esta barra en cada página.

Simplemente haga clic en el texto "haga clic aquí". ¡A continuación, se mostrará un mensaje de "Felicitaciones!" Y otro botón "haga clic aquí" para ver el sitio. ¡Haga clic en eso y verás tu sitio de blog en pleno funcionamiento!

Por supuesto, ahora necesita personalizar el sitio al agregar fotos, cambiar los colores y, en general, hacerlo suyo. Una vez que tenga los cosméticos configurados de la manera que desea, estará listo para comenzar a agregar el contenido valioso.

Creando Contenido Valioso

Esta es la parte más importante de su blog: ofrece contenido valioso.

¡Descubra lo que las personas quieren y déselo! No suena muy difícil, ¿verdad? Si el tema de su blog es algo en lo que es un experto, piense en los problemas comunes que las personas tienen cuando recién comienzan. ¿Qué le preguntan los novatos, a usted, el experto, para que les ayude?

Si no puede pensar en ningún lugar para comenzar, o no es un experto, diríjase a los blogs de sus competidores y vea cuáles son los problemas más comunes en su nicho de mercado. Lea las publicaciones de los otros blogs, pero más importante, lea los comentarios. Aquí es donde los visitantes mismos hacen preguntas. Piense en esto como su propio grupo de enfoque personal para su nicho, y mejor aún, es gratis. ¿Qué preguntas comunes hacen los visitantes? ¿En qué quieren más elaboración?

Una vez que encuentre los problemas comunes, escríbalos. Intente proponer seis o siete preguntas si puede. Luego puede crear seis o siete piezas de contenido alrededor de esos problemas y proporcionar la SOLUCIÓN. Una vez que proporcione las respuestas, será visto como una autoridad en su espacio.

Si no es un buen escritor o no puede crear contenido usted mismo, contrate a alguien de fiverr.com o upwork.com. Dales los problemas que encontró y la investigación relevante que responde a esos problemas. Ellos pueden armar algo para usted.

Un último consejo: asegúrese de que el contenido que está creando sea, de lejos, sin dudas, el mejor contenido sobre ese tema. Lea otros artículos para ver lo que se están perdiendo, y asegúrese de que sus propias publicaciones respondan todas las preguntas importantes que un lector pueda tener.

Crear un logotipo y una marca

Un logotipo ayuda a las personas a recordar quién es y a reconocer cuando publica algo. Les ayudará a distinguirse de los competidores en su nicho. Es extremadamente importante crear un logotipo fantástico y una marca reconocible.

Piense en algunos de los artículos que compra en las tiendas. El otro día, me encontré con esta popular botella de agua que tenía un precio bastante más alto que los demás, pero que aún se vendía como pan caliente. Esta botella de agua se usa para ir de excursión y acampar, y está orientada a hombres y mujeres de actividades al aire libre. Busqué sus ventas de Amazon usando Jungle Scout (naturalmente), y no podía creer lo que vi.

Venían millones y millones de dólares por mes de estas botellas y tazas. Le garantizo que su producto real no es mejor que algo que puede comprar en China por unos pocos dólares, pero están superando a todos sus competidores a pasos agigantados. ¿Por qué? Porque han establecido su MARCA. Su logotipo es reconocible y la gente quiere poder decir que posee algo con ese logotipo. Ese es el poder de la marca, y puede usarlo para usted.

Una vez que las personas recurren rutinariamente a su blog en busca de respuestas y comienzan a recomendar a sus amigos, su marca ya está creciendo. Has ayudado a tus visitantes, y ahora le ven como una autoridad en ese nicho como resultado. No deje que eso se desperdicie.

Cómo monetizar su blog

Una vez que obtenga un excelente contenido publicado en su blog y comience a recibir tráfico, es momento de comenzar a tratar de monetizar ese sitio. Analicemos algunas de las estrategias de monetización más comunes y efectivas.

Conviértalo en un sitio de membresía

Su blog es un recurso de información. Los visitantes acuden a su página por el fantástico contenido que ha creado para su nicho particular. Es solo una extensión natural crear contenido de nivel muy alto que los usuarios deberán pagar para acceder. Puede crear una sola página en su sitio a la que solo tengan acceso los suscriptores pagos.

Si se ha establecido como una autoridad y se ha ganado la confianza de sus suscriptores, debería poder convertir un porcentaje muy alto de ellos a suscriptores que pagan. Cree contenido sin el cual no pueden vivir. Haga que los recursos en su sitio sean imprescindibles para los negocios personales de sus visitantes, y en la mayoría de los casos, no tendrán problemas para pagarlos.

Vender productos de información

En este momento, los visitantes de su blog ya saben, le creen y confían en usted. Les ha proporcionado el mejor contenido disponible en la web para su nicho de mercado. Saben que todo lo que pone allí es oro.

Aquí es donde tiene la oportunidad de comenzar a cobrar por parte de tu contenido. Puede pensar que esto será incómodo después de haber estado regalando de forma gratuita, pero no será así. Estos clientes aman todo lo que les has dado y confían en usted. Si ha hecho las cosas correctamente, incluso puede obtener algunas respuestas como: "Ya es hora de que comience a cobrar por este contenido, ¡es demasiado valioso para regalar!" O "Siento que le he estado robando esto todo el tiempo. No tengo problemas para pagar por este nuevo producto para compensar el contenido gratuito que recibí ".

También puede crear un libro electrónico o un curso de capacitación sobre el tema y publicarlo en su sitio para la venta. También puede publicar su producto en Amazon, Udemy, Clickbank, etc. para obtener ingresos adicionales, pero sus suscriptores ya lo conocen a usted y su valor, por lo que es probable que tenga un mejor éxito con ellos.

Coaching/ Consultoría personal

Esta idea no es una estrategia de ingresos pasivos, pero a menudo es la más lucrativa para quienes la implementan. Puede cobrar precios mucho más altos por el entrenamiento personal que por un curso en línea. He visto a algunos de los gurús en la web que ofrecen su asesoramiento personal o tutoría por $25,000 +, y tienen personas que se registran sin pestañear.

Especialmente una vez que esté establecido como experto y tenga éxitos de la vida real que comparta con sus suscriptores, la gente pagará pequeñas fortunas para obtener tiempo individual con usted.

Recuerde, muchos de los suscriptores de su sitio y compradores de sus productos en realidad no hacen nada con la gran cantidad de información que les brinda. Es por eso que esta opción es muy lucrativa, significa que las personas ni siquiera tienen que ordenar la información que ha reunido en sus productos, porque pueden contratarlo directamente.

Productos físicos

Ha estado solucionando los problemas de sus suscriptores desde hace un tiempo. Entonces, se da cuenta de que puede tener algún software desarrollado que lo resuelva automáticamente. Luego, vende el acceso a ese software mensualmente.

Agregar una suscripción periódica mensual para acceder a un software de solución de problemas, además de una cuota mensual de membresía, puede aumentar exponencialmente sus ingresos.

Incluso puede encontrar productos para vender desde su blog. Si su blog es sobre la preparación del perro, tal vez pueda tener cepillos de aseo personalizados para la venta en su sitio. Solo hágalo llegar, envíelo a Amazon, publíquelo para la venta en Amazon e incluye un enlace desde su sitio al producto. Una vez que se registre en Amazon FBA, Amazon se encargará del resto.

Afiliados

La gente compra un producto a través de un enlace que tenga en su sitio y gana dinero con cada venta. Si bien suena casi demasiado fácil, realmente no debería ser el pan y la mantequilla de su enfoque. Si va a seguir esta ruta, solo debe promocionar los productos que usa personalmente y que ayudan a sus clientes a llegar a donde quieren ir. El producto que está promoviendo debe proporcionar una solución a un problema relacionado con su nicho de mercado.

Crear sus propios productos siempre debe ser su primera opción (los márgenes son mucho más altos), pero los afiliados son un buen seguimiento.

Venda su sitio

Digamos que ha creado un gran blog con una gran audiencia y mucho tráfico. Ahora, puede venderlo. De hecho, las personas se ganan la vida comprando blogs, modernizándolos y luego vendiéndolos. Ellos hacen esto una y otra vez. Cubriremos esta estrategia en su propio capítulo más adelante.

El blog de seis cifras

NO PUEDE GANAR $100,000 POR AÑO BLOGGING.

"Dios mío, ¿qué acaba de decir el?" Sí, lo dije. Sé que su corazón se rompió, pero déjame explicarle. Es imposible ganar dinero solo por blogging. Sentarse en su computadora y escribir un artículo no le genera ningún dinero, ¿verdad? ¿El dinero comienza a salir de su computadora? Si es así, por favor envíeme un correo electrónico y dígame qué computadora utiliza porque necesito obtener una.

Para el resto de nosotros, no ganamos dinero solo creando contenido excelente. La clave para ganar dinero con su blog es usarlo como un embudo. Utilizando su blog como medio para enviar tráfico a sus productos.

La mayoría de los bloggers todos cometen el mismo error. Crean su blog, crean una tonelada de contenido que regalan, crean tráfico en su blog, publican algunos enlaces de afiliados o anuncios, y luego cruzan los dedos de la mano para que el dinero llegue.

Sí, esta estrategia puede funcionar, y a veces funciona. Incluso puede hacer seis cifras, en teoría. Pero si combina ese método con el envío de su tráfico a sus propias ofertas, puede duplicar, triplicar o incluso cuadruplicar las ganancias de su tráfico actual. Piense en su blog como un sitio de comercio electrónico: desea atraer tráfico a su sitio para que compre sus productos. Deberías tratar tu blog de la misma manera.

En un ejemplo, Yaro Starak (un experto en blogs que destaco a continuación), mencionó que genera un promedio de $20,000 a $70,000 por mes con su blog. $20,000 - $30,000 es el ingreso normal con su sitio de membresía estándar, enlaces de afiliados, etc. Pero sus ingresos alcanzan el rango de $50,000 a $70,000 cuando lanza nuevos productos y conduce sus listas actuales de tráfico/correo electrónico a ese producto. Ese es el poder de hacer más que simplemente bloguear con enlaces y publicidad.

En otro ejemplo que encontré en línea, un bloguero ganó casi $22,000 solo en abril del 2016. Él está haciendo una fortuna con su blog, pero ¿adivine qué? Solo alrededor de $10,000 de eso fueron de publicidad y comisiones de afiliados. De esos $10K, el 40% provenía de enviar sus ofertas de afiliados a su lista de correo, y el 60% provenía únicamente de publicidad. Dado que la mayoría de los bloggers no tienen listas de correo, puede decir que solo $6,000 de esos $22,000 provienen realmente de los blogs.

El resto, más de $12,000 por mes, se realizó con la venta de sus propios productos. Esta es una forma verdaderamente poderosa de expandir su blog sin tener que expandir su tráfico actual o suscriptores.

Básicamente, este tipo ha tomado su sitio de blog de $6,000/mes y ha creado un negocio en línea de $22,000 con él.

Proyector experto

Yaro Starak, el fundador de www.entrepreneurs-journey.còm, vive a tiempo completo (el sitio ha generado más de $2 millones para él) con su blog sobre cómo vivir el estilo de vida de la computadora portátil.

Su primera experiencia en línea fue cuando estaba en la escuela. Era un gran jugador de Magic: The Gathering y le encantaba el juego, por lo que creó un sitio a su alrededor. Este es el ejemplo perfecto de ir a un nicho alrededor de algo que te apasiona.

Después de graduarse de la universidad, Yaro creó otro sitio que se centró en conectar editores con estudiantes. Notó que muchos estudiantes no nativos que estudiaban en universidades estadounidenses tenían problemas para escribir inglés académico.

Pudo crear un ingreso de tiempo completo desde ese sitio porque conectaba a personas con un problema con personas que pueden resolver ese problema.

En 2004, le dijeron a Yaro que debería crear un blog alrededor de su sitio de edición para atraer más tráfico hacia él. Creó su blog y durante tres meses escribió sobre corrección y edición para su blog. Se dio cuenta de que realmente disfrutaba de la escritura, y terminó escribiendo más sobre el aspecto comercial de su blog. Esto lo llevó a crear otro sitio (www.entrepreneurs-journey.com), en el que se centró únicamente en el aspecto comercial de los blogs y cómo funciona.

En el lapso de aproximadamente dos años, comenzó a generar $5,000 - $10,000 por mes solo con publicidad usando enlaces de afiliados, publicidades y su lista de correo.

Yaro siguió escuchando a otros blogers exitosos decir una y otra vez que necesitaba vender sus propios productos. Decidió hacer precisamente eso y lanzó su primer producto más tarde ese año, que era un sitio de membresía. Logró obtener alrededor de 400 suscriptores a $29/mes. ¡Eso en sí mismo es más de $100,000 por año!

Yaro sugiere que comience a vender productos y servicios y no se concentre en el marketing, ya que es difícil generar suficiente tráfico para cumplir sus objetivos financieros a través de la publicidad. "Su tasa de conversión en ventas de afiliados será mucho, mucho más baja que la tasa de conversión de sus propios productos para su propia audiencia", explicó Yaro.

El objetivo que establece para sus estudiantes es 10-20 nuevos suscriptores de correo electrónico por día. De esta manera, al final de un año, tiene una buena lista de correo electrónico de unos pocos miles de suscriptores. Eso es todo lo que necesita para generar $100,000 por año. Las personas optan por su lista de correo electrónico porque les agradan y quieren lo que tienen que ofrecer.

Solo necesita obtener 100 de sus suscriptores para gastar $1,000 en el transcurso de un año entero para alcanzar los $100,000.

Una de sus sugerencias principales es tener muy claro a quién quiere orientar y a quién quiere ayudar. Ofrezca a las personas información muy específica que ayude a resolver su problema en particular. Tenga un gran punto de diferenciación con su contenido o productos que lo separe de la competencia.

En resumen, sé mejor que los demás. Tener mejor contenido, mejores titulares, mejores páginas de ventas, y verá mejores resultados.

CAPÍTULO   8:

Sitios de autoridad

¿Qué es un sitio de autoridad?

Un sitio de autoridad es un sitio web que gana la confianza de los lectores debido al contenido de alta calidad que ofrece y la gran experiencia que ofrece. Otra forma de decirlo es esto: un sitio de autoridad es un sitio web en el que los individuos de un nicho en particular están felices de haber aterrizado, porque ofrece un gran contenido relacionado con nichos y disfrutan de su experiencia. Los usuarios del sitio web están contentos de registrarse y participar en el sitio de forma constante.

La clave para construir un sitio de gran autoridad es resolver los problemas de las personas. Déles una razón para venir a su sitio. Esto se debe a tener palabras clave muy detalladas en su página, de modo que cuando un visitante busca "cómo entrenar a un golden retriever", se las guíe a su página porque usted es el experto especializado en la preparación de golden retrievers. Una vez que pueda ayudar al usuario del sitio web a preparar su oro, la mayoría de ellos continuará leyendo más de su sitio.

Debido al valor que les brindó, el visitante no tendrá problemas para registrarse en su lista de correo o remitir a sus amigos a su página. Podrá formar una relación en línea con estas personas. Necesitan saber, gustar y confiar en usted.

Después de que los haya ayudado una vez y se hayan registrado en su lista de correo, puede mejorar su relación con el cliente haciéndose real hacia ellos. Envíe correos electrónicos útiles, relacionados con el nicho a su lista, pero también cuénteles sobre usted. Explíqueles por qué comenzó el sitio y qué fue lo primero que te trajo al nicho.

Hay algunos criterios principales para entregar un sitio de autoridad de primera categoría:

- El sitio está enfocado solo en un nicho distinto.

- El sitio realmente ayuda a las personas que leen el contenido.

- El sitio no trata solo de promover afiliados y hacer dinero rápido.

- El sitio se centra principalmente en la construcción de la confianza y el compromiso de los lectores, y fomenta la interacción del usuario.

- El propietario realmente involucra a los usuarios en los comentarios, las redes sociales, etc.

Si es un experto en un hobby o tipo de trabajo en particular, crear un sitio de autoridad puede ser extremadamente rentable. Con el tiempo, los sitios de autoridad pueden entregar consistentemente entre cinco, seis o incluso siete cifras si realmente puede ofrecer contenido fantástico y ofrecer un compromiso significativo con sus usuarios.

Jon Gilham, el propietario de www.authoritywebsiteincome.com (sí, su sitio es un sitio de autoridad sobre sitios de autoridad) y socio comercial en muchos otros negocios en línea, recientemente ha podido dejar su trabajo diario como ingeniero y confiar únicamente en Internet ingresos para mantener a su familia. Él ha podido generar $10,000 - $16,000 por mes con sus sitios. Él define un sitio de autoridad como un sitio que agrega valor. No está repitiendo lo que ya se ha hablado, pero es un sitio que proporciona material nuevo y resuelve los problemas de las personas.

Es mucho más fácil hacer esto si tiene expertos para escribir el contenido. El asesoramiento de expertos es una forma de agregar valor, pero hay muchas otras maneras en que su sitio web puede convertirse en un sitio de autoridad. Una de ellas es incluir una herramienta que ayude a las personas a resolver un problema específico. Si hay un sitio que habla sobre ese problema y luego proporciona una simple calculadora en línea o un programa descargable que puede ayudar a las personas a resolver ese problema, ese sitio, en opinión de Jon, es un sitio de autoridad.

Jon pasó a explicar cómo comenzó con los sitios web de las autoridades. Mientras todavía estaba en la universidad estudiando para ser ingeniero, consiguió un trabajo en una pequeña empresa. Una de las tareas que le asignaron como cooperativa fue construir un sitio web. No tenía idea de cómo hacer eso, pero investigó un poco y descubrió oDesk.com, que se convirtió en Upwork.com. Jon se sorprendió por la oportunidad de subcontratar proyectos como la construcción de sitios web por lo que parecía ser tarifas notablemente económicas y hacer un trabajo realmente decente. Siguió tirando de ese hilo y comenzó a pensar: "Si logro que construyan un sitio web para la compañía, debe haber una manera de lograr que creen sitios web relativamente baratos que generen dinero". Ahí es donde comenzó la bola de nieve él, y se centró en descubrir los sistemas y procedimientos para ir de la manera más sistemática posible en la creación de sitios web que generaran valor e ingreso de anuncios.

Cómo identificar un mercado

Identificar el mercado de su sitio web de autoridad es realmente el mismo proceso que puede usar para sus libros electrónicos, productos de Amazon, sitios de membresía, etc. La clave es el NICHO.

Desea elegir un mercado sólido y amplio. Pero espera, ¿no acaba de decir nicho en la oración anterior a eso? Sí, lo hice. (Buena captura.) Primero, identifica un buen mercado, digamos golf, por ejemplo. Luego identificas tu sub-nicho de eso. Digamos que su sitio estará dirigido a mujeres golfistas zurdas. Su sub-nicho debe ser el tema principal de su sitio.

Asegurarse de que su sub-nicho de mercado tenga artículos para vender es de vital importancia. Uno de los aspectos más importantes de la monetización de su sitio será a través del marketing de afiliación, por lo tanto, asegúrese de que su sub-nicho de mercado tenga productos para que venda a su audiencia.

El siguiente paso es la investigación de palabras clave. Asegúrese de que su sub-nicho tenga algunas palabras clave de baja competencia que puedan generar tráfico. Puede buscar palabras clave con Google Adwords, como hemos hablado algunos capítulos atrás.

El consejo de Jon sobre palabras clave es que debe observar la investigación de palabra clave desde el punto de vista del mercado. No piense: "Aquí hay una palabra clave específica sobre la que estoy construyendo el sitio". En su lugar, tome una perspectiva más amplia de un enfoque de investigación de mercado y piense: "Aquí hay un problema específico que este sitio de autoridad ayudará a las personas a resolver". y luego, "Aquí está el conjunto total de palabras clave que estaré buscando después".

Dentro de ese conjunto de palabras clave, ¿cuáles son las métricas que busca John? Alto volumen, baja competencia. Por supuesto, esa es la situación ideal, pero más específicamente, usa una herramienta de sitio web llamada Long Tail Pro y busca el valor de la competencia por debajo de 30 y por el costo de los artículos creados para ser relativamente bajos. No le importa perseguir palabras clave que tienen poco volumen.

Básicamente, este análisis le permite a Jon ver que hay suficientes palabras clave en ese espacio que no necesita depender solo de sus dos palabras clave para las que está tratando de clasificar. De lo contrario, "si no clasifico para estos, estoy en problemas", explicó Jon. Él quiere ver, en este nicho de mercado, que hay toneladas de palabras clave de baja competencia para las cuales puede crear contenido específico.

Cómo obtener un gran contenido

Escribiendo el suyo propio

Jon es un gran fanático de Wayne Gretzky, y una de sus citas favoritas del hockey es: "Ve hacia donde se dirige el disco, no dónde está". En su experiencia, ha visto que Google premia el mejor contenido con clasificaciones más altas, por lo que sus sitios también pueden tener el mejor contenido. Según Jon, todo lo demás es más fácil después de eso. Tener el mejor contenido no es suficiente por sí solo, pero también puede comenzar con el mejor contenido. Ahí es donde tomó la decisión de que, si iba a crear un sitio, iba a tener el mejor contenido en ese espacio.

Si es el experto en este espacio en particular, entonces un gran contenido debería ser muy fácil de crear. Simplemente escriba o registre toda su experiencia y conocimiento, empaquételo cuidadosamente y déselo a su público. Pero si no es el experto, las cosas son diferentes.

Outsourcing

Jon explicó cómo puede hacer que sus sitios de autoridad sean aún más pasivos mediante la externalización de gran parte de la creación de contenido. Todos sus sitios están a cargo de un equipo, con la excepción de su sitio personal, www.authoritywebsiteincome.com, que es administrado exclusivamente por él. Solo invierte de dos a seis horas a la semana, en promedio, en su sitio principal.

Todos sus otros sitios son ejecutados completamente por subcontratistas. Todos los subcontratistas de su equipo se encuentran en www.upwork.com, y usa ese sitio para todo, desde escribir hasta las actividades diarias de los sitios.

Para sus escritores, se asegura de que sean hablantes nativos de inglés y les envía a todos una tarea de prueba, y en función de eso, decide a quién enviar contenido para su sitio. Para la tarea de prueba, Jon simplemente envía a los guionistas un documento de instrucciones, algunos detalles sobre de qué se trataría el artículo y algunos procedimientos operativos estándar sobre cómo crear el artículo.

Uno de los consejos de Jon cuando se comunica con sus escritores es pedirles que imaginen que un miembro de la familia los contactó y les hizo una pregunta. Eso coloca al escritor en el estado de ánimo adecuado para salir y crear el artículo más útil y procesable posible. La escritura debería decir esencialmente: "Basado en mi investigación, esto es lo que encontré. Espero que esto ayude."

Herramientas

El primer sitio exitoso de Jon se basó en proporcionar una hoja de cálculo descargable para ayudar con algunos cálculos financieros. Luego lo ofreció como una herramienta descargable, y luego incluyó algo de contenido sobre eso. Pudo vender algunos productos y publicidad desde la parte posterior de ese sitio y ese tráfico, pero la mayoría de la gente venía y obtenía valor de la hoja de cálculo descargable.

¿Qué es un ejemplo de un problema que se puede resolver con una herramienta en su sitio web? Tomemos las hipotecas de bienes raíces. Si puede crear una herramienta que ayude a filtrar las compañías hipotecarias con tasas excelentes o que cumplan con ciertos criterios, puede incluir eso en su sitio de nicho relacionado con la hipoteca para que la gente lo use.

Cualquiera que sea su problema es que está resolviendo para su nicho de mercado, cree una herramienta o calculadora fácil para abordar un aspecto de ese problema.

Cómo monetizar su sitio

Clientes Potenciales Directos

Digamos que hay un corredor de seguros que quiere clientes, y Jon ha creado un sitio de autoridad para ayudar a nuevos padres a entender el seguro médico. Luego genera una página que dice: "Aquí está toda la información que necesita preguntarle a su agente de seguros cuando es un padre nuevo para asegurarse de que su familia esté protegida. Y aquí hay un enlace para obtener detalles para ser contactado por alguien en esa industria".

Ahora Jon tiene una lista de todos los padres interesados en seguros que se han registrado para ese sitio. Él puede vender esa lista a los corredores de seguros que pagarán mucho dinero para tener acceso a ese tráfico tan específico.

Afiliados

Jon sugiere que la mejor manera de construir su sitio de autoridad es hacerlo completamente gratis al principio. Que este centrado en torno a un problema y le brinde a sus visitantes la mayor cantidad de solución posible a través de la información.

Luego, el siguiente paso lógico es que vayan y compren lo que necesiten para completar esa solución. Por ejemplo, si su visitante está buscando una hipoteca y está investigando sobre ese tema, su sitio de autoridad agrega valor a la conversación. A partir de ahí, es un paso lógico decirles a sus visitantes: "esta es su opción A, opción B y opción C, y cuando toman una de esas opciones, obtienen una comisión de afiliado.

Sugerencias de expertos

Jon brindó algunos buenos consejos sobre cómo crear un sitio de autoridad de seis cifras. Debe tener estándares razonablemente altos en términos de mantener la calidad, junto con un enfoque sistemático.

Cuando la mayoría de las personas fracasan, es porque creen que tienen una gran idea, trabajan durante tres meses, no ven el éxito después de tres meses porque lleva mucho tiempo subir las clasificaciones orgánicas y luego saltan a un proyecto diferente.

Para combatir esto, Jon sugiere poner en marcha un sistema para que incluso cuando la respuesta humana natural de "este proyecto no me interese porque no es tan brillante y nuevo" se active, el sistema seguirá funcionando sin su participación activa. De esta forma, un mes después, puede volver para ver que el sitio está comenzando a tener algo de tracción. Lo más probable es que te encuentres lleno de energía y listo para saltar de nuevo.

Jon sugiere que encuentre un sitio que quiera emular, de modo que tenga un modelo a seguir mientras construye su propio sitio. Si puede visualizar cuál es el producto final y la cantidad de esfuerzo que va a tomar, no se sentirá tan desalentado en el proceso.

Ahora que tiene un sitio de gran autoridad, ¿cómo puede renunciar a su trabajo diario? Jon proporcionó el proceso mental que atravesó. Para él, fue un viaje de ocho años llegar allí. Él pasó por sus pasos más críticos antes de tomar esa decisión.

Primero, establecer metas. Determine qué números debe alcanzar su empresa para que pueda confiar plenamente en ese ingreso. Segundo, defina los riesgos que están asociados con cada una de las empresas que tiene. Jon explicó que pensaba en su negocio como un taburete de ingresos: si alguna de las piernas se cortaba, ¿el taburete podría seguir en pie? Este tipo de pensamiento ayudó a asegurarse de que tenía una diversificación de los ingresos y que estaba protegido de cualquier evento de cisne negro que podría poner en peligro lo que había construido.

CAPÍTULO   9:
Bienes raices digitales

Cómo hacer dinero volteando sitios web

El mundo del internet ofrece una multitud de formas para que los empresarios inventivos obtengan ganancias. Una de las maneras más fáciles y efectivas de hacer esto es invirtiendo en sitios web. Hay tres formas clave de ganar dinero con sitios web: estacionandose, reventa y desarrollo de sitios web. Puede comenzar a obtener ganancias relativamente rápido si tiene una habilidad especial para el proceso. Echemos un vistazo a esas opciones con más detalle.

Estacionando nombres de dominio:
En este método, registra un nombre de dominio, incluso si no tiene la intención de usarlo. Luego simplemente retiene el nombre de dominio hasta que encuentre a alguien que quiera comprarlo y se lo venda por más de lo que pagó.

Reventa de páginas web:
En este método, usted compra un nombre de dominio y comienza a desarrollar el sitio. Luego, una vez que el sitio ha sido desarrollado de alguna manera, lo vende para obtener un beneficio.

Desarrollo de sitios web:
En este método, usted compra el nombre de dominio, establece y desarrolla completamente el sitio web, y luego se beneficia del mismo sitio web.

De estos métodos, el estacionamiento de nombre de dominio representa la inversión más pequeña, así como los rendimientos potenciales más pequeños en la mayoría de los casos. Es probable que el uso de un sitio web que usted haya desarrollado proporcione las mayores ganancias, pero este puede ser un proceso lento y puede demorar bastante hasta que obtenga algún beneficio. Revender un sitio web es un medio de los dos extremos del espectro: puede generar ganancias bastante impresionantes, especialmente si tiene experiencia en el desarrollo de sitios web, y no toma tanto tiempo ganar dinero de un sitio web que usted mismo posee.

No tiene que elegir uno solo de estos métodos y atenerse a él; pruebe una combinación, y no tenga miedo de ajustar su plan a medida que avanza y encontrar lo que funciona para usted.

Independientemente de qué opción intente primero, los principios básicos de los buenos sitios web son siempre los mismos: desea un nombre de dominio simple pero altamente memorable, palabras clave sólidas y contenido valioso que haría que un visitante quiera dedicar más tiempo a su sitio.

Este capítulo le enseñará a sumergirse en cada uno de estos métodos para beneficiarse de la inversión en un sitio web.

Estacionamiento de nombre de dominio

La forma más económica y fácil de invertir en sitios web es el estacionamiento de nombres de dominio. Todo lo que se necesita para comenzar con este método es el costo de comprar un nombre de dominio, por lo general, solo unos pocos dólares. Estacionar un nombre de dominio significa que usted posee el derecho al nombre de dominio y nadie más puede usarlo. Si ha pensado en un nombre de sitio web increíble, puede comprar el nombre de dominio antes de que alguien más lo reciba. El sitio web mostrará un mensaje "Coming Soon ..." o "Under Construction" a sus visitantes. Puedes dejar que permanezca así todo el tiempo que quiera. Su registro de dominio es válido por un año y siempre puede renovarlo una vez que expire el año inicial.

Si decide comenzar a desarrollar su sitio web, tendrá que comprar alojamiento (que es una tarifa separada del registro del nombre de dominio). Una vez que se aloja un sitio web, ya no se considera un sitio web estacionado.

Otra opción es usar un dominio comprado como una página de redirección a un sitio web establecido. Digamos que es dueño de ExcellentWebsite.com. No es una mala idea comprar ExcellentWebsite.net también. De esta forma, puede configurar ExcellentWebsite.net para dirigir a los visitantes al sitio correcto en caso de que las personas ingresen una URL incorrecta. También evita que competidores o empresas similares obtengan un nombre de dominio que pueda confundirse con el suyo.

¿Cómo se gana dinero con un nombre de dominio estacionado? En resumen, no tiene que hacer nada: simplemente aguarde los derechos de registro hasta que llegue alguien que realmente quiera usar el increíble nombre de su sitio web, pero no pueden, porque ya lo tiene. Luego se lo vende por más de lo que pago, obteniendo una buena ganancia con muy poco esfuerzo. Esta práctica era muy común en los primeros días de la era de las puntocom, pero algunos empresarios inteligentes siguen haciendo dinero de esta manera. El truco se centra en las palabras clave y los temas de nicho que una empresa probablemente desee.

La Analogía de bienes raices

Puede ser útil pensar en el estacionamiento de nombres de dominio en términos de bienes inmuebles físicos. Imagínese esto: hay un terreno grande en venta en medio de una zona rural, y es extremadamente barato porque no hay nada en él. Sin edificios, sin cimientos, nada, solo pasto. Pero a unas pocas millas en la carretera, un gran centro comercial está a punto de abrir para los negocios. Lo más probable es que, si ese desarrollo se extiende, este lote va a valer mucho más de lo que es ahora en unos pocos años cuando la demanda aumenta. Eso significa que cuando el área ya no sea rural sino un bullicioso centro comercial, la gente estará dispuesta a pagar mucho más por ello de lo que lo hacía cuando estaba en el medio de la nada. Como lo compró mientras era barato, puede revenderlo a un margen de ganancia cómodo, simplemente porque estaba pensando en lo que la gente querrá.

Ese es más o menos el mismo principio que se aplica al estacionamiento de nombres de dominio. No tiene que invertir mucho dinero, porque el dominio no vale mucho en este momento, pero si hace una buena elección, valdrá mucho más para alguien más.

Cómo comprar un nombre de dominio que vale más de lo que cuesta

La idea detrás del estacionamiento de nombres de dominio es que, con el tiempo, alguien estará dispuesto a pagar más por el dominio que lo que pagó por él. Aquí hay algunas preguntas a tener en cuenta al buscar un nombre de dominio para invertir.

-¿Es el estacionamiento el uso más valioso de este nombre de dominio? ¿Podría obtener un beneficio mayor al hospedar y desarrollar un sitio web? (Más sobre esto más adelante).

-¿Quién querría usar este nombre de dominio? ¿Qué lo hace valioso? ¿Es similar a otro sitio web o tiene una combinación de palabras clave deseable? ¿Algo más?

-¿Qué palabras clave y frases atrapantes serían atractivas para alguien que desarrolla en un sitio web en un nicho determinado? ¿Cómo puedo incorporar eso en un nombre de dominio?

-¿Tengo una forma de comercializar este nombre de dominio?

¿Tengo acceso a personas interesadas en el nicho al que se refiere el nombre de dominio?

-¿Es el mejor momento para vender este nombre de dominio? Si se trata de un nicho en desarrollo, ¿puedo conservarlo y venderlo para obtener mayores ganancias en el futuro?

El estacionamiento de nombre de dominio es simple y requiere una inversión inicial muy pequeña, pero no es la única forma de ganar dinero con los sitios web, y puede que no sea el mejor método para usted. Una vez que posee un nombre de dominio, también puede pensar en voltear el sitio web.

Cómo revender un sitio web

La reventa de sitios web es un método de inversión en sitios web más avanzado y potencialmente mucho más lucrativo. El primer paso es el mismo: comprar el nombre de dominio. Después de eso, en realidad alojará el nombre de dominio y lo desarrollará para crear un sitio web funcional.

Para ponerlo en términos de bienes raíces, la reventa del sitio web es esencialmente lo mismo que cambiar de página. Encuentra una propiedad que no está en buen estado, la compra por un precio bajo, la repara para aumentar su valor y luego la vende para obtener un beneficio. Con los sitios web, puede comprar un nuevo nombre de dominio y crear un sitio web desde cero, o comprar un sitio web existente y hacer mejoras para aumentar su valor.

Hay muchas opciones, ya sea que decida crear un nuevo sitio web desde cero para venderlo, o para encontrar sitios web fijos superiores establecidos y renovarlos. En los primeros días de Internet, era más fácil construir un nuevo sitio web, pero ahora que casi todas las empresas tienen un sitio web, existe una gran cantidad de sitios web de mala calidad que podrían mejorarse para obtener un beneficio.

La reventa de páginas web es más especializada que el estacionamiento de nombres de dominio, y necesitará algunas habilidades específicas para involucrarse en este aspecto de la inversión en sitios web, es decir, necesitará saber cómo crear sitios web fantásticos que atraigan tráfico y le den valor a una empresa quién querría comprárselo.

Cuando comprado en la tienda es mejor que hecho en casa

Al decidir si crear un nuevo sitio web o simplemente actualizar uno antiguo, hay algunos factores importantes a considerar. Por un lado, un sitio web existente vendrá con una audiencia existente. Eso puede ahorrarle una gran cantidad de tiempo, y puede significar que puede aumentar en gran medida el valor del sitio web casi de inmediato simplemente ampliando la optimización del motor de búsqueda.

Junto con una audiencia integrada, un sitio web que ha existido por un tiempo probablemente también tendrá una cómoda red de enlaces entrantes, incluso si no es un sitio web de alto tráfico. Un sitio web establecido también será indexado por los motores de búsqueda, lo que hace una gran diferencia para lograr altas clasificaciones de resultados de búsqueda y atraer tráfico. Los nuevos sitios tendrán que lidiar con el efecto sandbox de Google, que es esencialmente una medida temporal que impide que los sitios web jóvenes entren en los rankings superiores de los rankings de resultados de búsqueda. Puede ser muy perjudicial para sus esfuerzos de SEO en un sitio nuevo, pero una página existente no tendrá que preocuparse por eso.

Comprar un sitio web establecido

Hay varias maneras en que puede ganar dinero con un sitio web existente que compra. Una forma es encontrar un sitio web que se encuentre en el mismo nicho que su negocio principal y que ya esté recibiendo un gran volumen de tráfico. Estos visitantes ya están buscando el producto o servicio que vende, por lo que si compra un sitio web que está obteniendo mucho de este tráfico específico, puede redirigir a todos los posibles clientes a su propio sitio web. Esta es una manera fácil de canalizar clientes potenciales directamente a su sitio. Por supuesto, deberá asegurarse de que el sitio web que compra atraiga suficientes visitantes y el tipo correcto de visitantes para que la inversión valga la pena.

La otra opción es comprar un sitio web simplemente para inversión y revenderlo. Esta puede ser una estrategia arriesgada. Tendrá que evaluar cuidadosamente cuánto trabajo realmente necesita el sitio para volverse valioso, y la cantidad de tiempo y dinero que necesitará para invertir antes de ver una ganancia. No solo eso, sino que también deberá evaluar si habrá un mercado para su sitio web después de cambiarlo. Puede construir el mejor sitio web en todo el mundo para el tejido de canastas subacuáticas, pero si nadie está comprando en el nicho de canasteria, no ganará dinero.

Un buen lugar para comenzar a hojear sitios web es buscar un sitio web de comercio electrónico que venda un producto en un mercado consolidado, o un mercado que recién esté comenzando a ganar terreno. Recuerde, no está buscando un excelente sitio web; está buscando uno con mucho margen de mejora. Si un sitio web ya está optimizado, no tiene sentido revenderlo.

Estas son las cosas clave que necesitará saber antes de comenzar a lanzar su primer sitio web:

-Busque un sitio web que tenga mucho espacio para crecer, así como un buen mercado para venderlo una vez que lo haya mejorado.

- Muévase rápido: con suerte, ya ha buscado formas de mejorar rápidamente la funcionalidad y la rentabilidad en múltiples aspectos del sitio web. Debería ver un aumento mensurable en las ventas, idealmente en los dos dígitos, para que sepa que sus cambios han sido exitosos.

-Una vez que el sitio web esté optimizado, véndalo rápidamente antes de que sus cambios se vuelvan obsoletos. Desea vender el sitio web antes de que el mercado esté sobresaturado con empresas que venden el mismo producto que su sitio.

Tenga en cuenta que cambiar sitios web está lejos de ser una fuente de dinero garantizada. El internet es un mercado increíblemente acelerado y competitivo, por lo que debe ser rápido y tener buenas oportunidades para llegar lejos con esta estrategia. El cambio de sitio web es más adecuado para personas que ya tienen experiencia en el desarrollo de sitios web exitosos y rentables.

Durante mi entrevista con Greg Elfrink de Empire Flippers (www.empireflippers.com), mencionó una estrategia de reventa de sitios web. Dijo que tiene un amigo que simplemente compra sitios web, pasa unas pocas horas optimizándolo instalando un simple complemento y reorganizando los bloques de anuncios. En un ejemplo, su amigo compró un sitio web que ganaba $1,200 al mes. Pasó un total de 10 horas en los próximos dos o tres meses optimizando los bloques de anuncios con un simple complemento. Pudo aumentar los ingresos del sitio web a $2,100 por mes. Dado que los sitios web actualmente se están vendiendo, en promedio, a un múltiplo de 23-24 de ganancias mensuales, compró el sitio por $28,800 y, en solo unos pocos meses, aumentó el valor del sitio a $50,400. Ahora casi puede doblar su dinero, sin mencionar el ingreso mensual que generó en el camino.

Desarrollando su propio sitio web

Hasta ahora, hemos cubierto el estacionamiento de nombres de dominio y el volteo de sitios web. La tercera estrategia es desarrollar un sitio web para beneficiarse del sitio en sí. Al igual que con la opción de voltear, puede elegir hacer esto creando un nuevo sitio web o mejorando uno existente. En la mayoría de los casos, será más fácil actualizar un sitio establecido que crear uno nuevo desde cero, así que comenzaremos con eso.

Piense en nuestra analogía inmobiliaria. Cuando quiere ganar dinero con una propiedad, no solo compra la primera que ve. Busca una casa que tiene un gran potencial de valor y se encuentra en un área con crecimiento, una propiedad que tiene un bajo precio de compra y un amplio margen de ganancia. Estas son todas las mismas cualidades que estás buscando en un sitio web.

Cómo saber que un sitio web es el que debe de comprar

Hay muchos sitios web por ahí. Al elegir uno para comprar, aquí hay algunas ideas clave a tener en cuenta para evitar un error costoso.

1. Aproveche el tráfico en sitios establecidos

Lleva tiempo y esfuerzo crear una audiencia, y los sitios web que ya tienen audiencia son valiosos, especialmente si tienen una audiencia que está buscando el producto que vende con su negocio principal. Para este ángulo, considere estas preguntas antes de realizar una compra en el sitio web:

- ¿Este sitio web se centra en el mismo nicho en el que estoy interesado?
- ¿Este sitio web está dibujando en el tráfico? ¿Es tráfico de calidad, es decir, visitantes que realmente están buscando el producto que estoy vendiendo?
- ¿Hay otros problemas con el sitio web que podrían obstaculizar la obtención de beneficios?

2. Ganar dinero de Ingresos publicitarios

En lugar de canalizar a los visitantes a la página web de su empresa, también puede ganar dinero directamente desde una página web comprada con ingresos publicitarios. El sitio web ideal para este método es uno que tiene buen contenido, pero necesita algunos ajustes de SEO para generar más tráfico. De esta forma, puede aumentar los ingresos con algunas correcciones sencillas.

Adapte tanto los anuncios como el contenido a un público coherente, realice todas las correcciones necesarias para mejorar los rankings de búsqueda y podrá convertir fácilmente un sitio web de bajo rendimiento en una fuente de ingresos.

3. Infíltrese en una comunidad existente

Esta es una de las cosas más lucrativas que un sitio web puede ofrecerle a un empresario o emprendedor. Digamos que su negocio principal vende herramientas de jardinería. Lo que debe hacer es descubrir cómo llegar a las personas que desean comprar herramientas de jardinería.

Ahora digamos que usted encuentra un sitio web que es una comunidad extensa y establecida de jardineros y todo tipo de entusiastas del cultivo de plantas. Nadie está haciendo dinero aquí, todavía. Pero esta es una excelente oportunidad para monetizar una comunidad existente, porque le proporciona acceso a las personas que están interesadas en su nicho.

Hay dos aspectos clave para encontrar la comunidad adecuada: Primero, la comunidad debe alinearse con su nicho de mercado o proporcionarle algún modo de obtener ganancias, si no directamente con la venta de productos, luego con AdSense o algo similar. En segundo lugar, busque una comunidad donde el crecimiento haya superado la capacidad del propietario de pagar por el ancho de banda. Sus foros o tableros de mensajes pueden tener tanto éxito que el propietario ya no puede darse el lujo de alojarlos: esta es la oportunidad perfecta para usted. Por último, y más obviamente, el propietario tiene que estar dispuesto a vender. Póngase en contacto con ellos y ofrezca comprar el sitio web. Particularmente si el propietario no puede administrar el sitio web, lo más probable es que obtenga un buen precio.

4. Elija la próxima gran cosa

Si cree que sabe cuál va a ser la próxima gran sensación, una estrategia es buscar sitios web que se hayan formado en torno a ese nicho, y comprarlos antes de que puedan alcanzar su máximo potencial. Un sitio web que cuenta con una palabra clave prominente puede proporcionar un gran margen de beneficio, si lo compra mientras todavía es barato y luego lo tiene listo para cuando ese nicho llegue a su punto máximo. Piense en cosas como impresión 3D, realidad virtual/aumentada, automóviles sin conductor u otra tecnología prometedora.

5. **Compre a la competencia**

Esta es una estrategia comercial clásica aplicada al mundo virtual. Si tiene una empresa en un nicho particular, pero tiene un cierto competidor que le está quitando a sus clientes, una manera simple de subir a la cima es comprar el sitio web competidor. Luego, puede fusionar su sitio web con el suyo y obtener los beneficios del tráfico y las ventas adicionales.

Por supuesto, puede que no sea tan fácil lograr que sus competidores acepten vender. Tendrá que negociar, así que sepa a lo que está dispuesto a renunciar. Incluso si eso significa compartir los beneficios, con suerte puede llegar a un acuerdo que sea beneficioso para ambas partes.

Si se va por esta ruta, tenga esto en cuenta:
- Busque sitios web que se encuentren en su nicho de mercado y compita directamente con usted por los clientes. Contáctelos para ver si están dispuestos a vender.
- Después de que acepten vender, el trabajo no está terminado; luego deberá incorporar ambos sitios web (o tantos como usted haya participado) en un solo negocio.
- Por lo general, este escenario solo funciona en industrias bien establecidas. En las industrias en ciernes, a menudo hay formas más efectivas de obtener una ventaja sobre sus competidores que comprarlos directamente.
- Incorporará este negocio al suyo, así que asegúrese de que sea compatible y complemente su configuración existente.

Qué hay en un nombre (de dominio)

Esta es una situación similar a la del estacionamiento de nombres de dominio, excepto en este caso, usted es el comprador, no el vendedor. Puede valer la pena comprar un sitio web únicamente para que pueda tener el nombre de dominio que lo acompaña, incluso si tiene la intención de renovar por completo el sitio en sí.

El propietario actual del sitio web puede no estar dispuesto a deshacerse de él fácilmente, por lo que tendrá que decidir cuánto vale el nombre para usted. Si se trata de un nombre de dominio rico en palabras clave específico del nicho que podría significar mucho para el éxito de su negocio, no tenga miedo de invertir en él. Después de todo, el principio general de los nombres de dominio es que son extremadamente importantes para la presencia en línea de una empresa.

Encontrar y comprar el sitio web correcto

Independientemente de la estrategia que intente, tendrá que comenzar comprando un sitio web o un nombre de dominio. Hay un par de formas de hacerlo. Comprar un nombre de dominio es bastante sencillo: simplemente visite su servicio de dominio preferido (GoDaddy, Wix, HostGator, etc.), busque su dominio y, suponiendo que esté disponible, realice la compra. En la mayoría de los casos, por $10 o menos, el nombre de dominio será todo suyo durante los próximos 12 meses.

Si planea cambiar un sitio web o desarrollar uno propio, no solo desea el nombre de dominio, sino también el sitio web en sí (las páginas, el contenido, el marco, etc.). Puede probar suerte en "sitios de negociación", que son sitios web para vender sitios web. Sin embargo, estos sitios tienden a estar inundados con personas que buscan comprar, lo que impulsa los precios. No hay nada de malo con los sitios de comercio, pero puede haber mejores ofertas en otros lugares, por lo que debe investigar otras opciones antes de comprometerse.

Haga su tarea

Al igual que con las compras más importantes, no es una buena idea saltar al primer sitio web que ve y sacar su billetera. Estos son algunos consejos para obtener un excelente sitio web a un excelente precio:

- Hacer uso de Google y Yahoo. Busque industrias o nichos con los que esté familiarizado y prepárese para analizar muchos resultados de búsqueda.

- Si un sitio es enorme y, obviamente, exitoso, no se preocupe: los propietarios probablemente no estarán dispuestos a vender, o si lo están, buscarán un precio exorbitante.

- No tenga miedo de cavar profundo. Los sitios web en las primeras dos o tres páginas de resultados de búsqueda podrían costar sumas de seis cifras para comprar, por lo que tendrá que buscar un poco más para sitios web con muchos precios potenciales y más razonables.

- Busque sitios web con un único webmaster, que puede haber pasado años curando contenido pero nunca monetizó el sitio. Recuerde que está buscando un sitio web clasificado decentemente, pero no uno que ya haya alcanzado su máximo potencial, así que encuentre uno con mucho que arreglar.

Comprar un sitio web es como cualquier otra inversión. Existen riesgos y beneficios, y la mejor manera de minimizar el riesgo y maximizar los pagos es investigar. Sea minucioso y deliberado sobre su búsqueda y, finalmente, encontrará un sitio web que es justo lo que necesita.

Comprando

Cuando crea que ha encontrado el sitio web de sus sueños, asegúrese de echar un vistazo más de cerca a estos aspectos antes de comprometerse:

- Observe el sitio web en su hábitat natural durante unos días. Esté atento a la actividad del foro, las publicaciones de blog, las actualizaciones de la página de inicio o cualquier otra cosa que muestre el nivel de actividad del sitio web o su comunidad.
- Si puede, trate de profundizar en el historial del sitio web y vea qué cambios ha sufrido en el pasado.
- Vea si puede averiguar si el sitio web ha establecido enlaces de regreso, y en caso afirmativo, cuántos y dónde se encuentran.
- Evalue si la estructura y el diseño del sitio web es efectivo. Esto no le pregunta si le gusta la estructura y el diseño del sitio web, solo si funcionan de manera eficiente.
- Determinar qué tan bien el sitio ha implementado la optimización del motor de búsqueda y las palabras clave. Recuerde, está buscando un sitio que tenga mucho espacio para crecer. ¿Ve lugares donde podría mejorar fácilmente el SEO y aumentar el tráfico?

Esta información no solo le ayudará a decidir si este es el sitio web para usted, sino que también estará mejor informado cuando se contacte con el propietario del sitio web. Puede hacerlo visitando el formulario de contacto del sitio web, si tiene uno. Si no lo hacen, pruebe WhoIs.com para obtener la información de contacto del webmaster.

Tenga en cuenta que incluso si encuentra el sitio web más perfecto del mundo, el propietario tiene que estar dispuesto a vendérselo para que le sirva de algo. Por lo general, comprar un sitio web a un aficionado será mucho más fácil y más barato que comprar uno al propietario de un negocio. De todos modos, probablemente no desee comenzar anunciando su intención de comprar el sitio web. Hay más información que necesita para determinar si el sitio web es realmente una buena inversión y necesita la cooperación del propietario para descubrirlo.

Tendrá que profundizar en los hechos y las cifras del sitio web para ver si hay algo bajo el capó que le preocupe antes de comprar. Es posible que los propietarios no quieran desprenderse de esta información de inmediato, así que sea cortés y amable al hacer preguntas.

Estas son las cosas clave que querrá descubrir del propietario del sitio web:

-Estadísticas de tráfico
-Costos
-Recursos
- Desafíos o problemas con el sitio web
-Cuánto tiempo lleva la pagina web

Suponiendo que el webmaster le brinde toda la información que necesita y no haya señales de advertencia importantes, puede continuar con su presentación sobre por qué deberían venderle. Piense cuidadosamente acerca de cómo abordar esta conversación y enfatice que desea invertir y mejorar el sitio web.

Una vez que haya conseguido que el webmaster esté interesado en una venta, puede pasar a la transacción en sí.

Finalizando la venta

Hay varios pasos muy importantes para comprar un sitio web. Aquí están:

1. Después de investigar el valor y negociar con el propietario del sitio web, acuerde un precio.

2. Transfiera el dominio a su nombre. Asegúrese de cambiar el nombre comercial o la información de incorporación también, si es

necesario.

3. Transfiera el alojamiento del sitio web a su nombre.

4. El sitio web puede usar otro software de diseño o análisis. Si este es el caso, la licencia de software también debe transferirse a su nombre para que pueda continuar usándola. Deberá ponerse en contacto con la empresa de software para realizar la solicitud de cambio.

5. Al igual que cualquier venta de propiedad, desea un contrato que especifique los detalles de la transacción. Para sitios web más pequeños, probablemente pueda salirse con la suya con un contrato de plantilla. Si se trata de una transacción importante, lo mejor para usted es que un abogado supervise un contrato personalizado. Normalmente, el contrato incluirá una cláusula que formalmente finaliza el acceso del propietario anterior al sitio, así como una restricción de que el propietario anterior no comenzará un sitio web de la competencia durante un cierto período de tiempo después de la venta. Todas las partes involucradas deberán firmar el contrato.

6. Averigüe sobre todas las listas de correo electrónico asociadas con el sitio web. Descargue estas listas y asegúrese de tener acceso a ellas fuera del sitio web, en caso de que los datos se borren durante el cambio. Las listas de correo electrónico son uno de los activos más valiosos que un sitio web tiene para ofrecer, y usted no quiere perderlo.

7. Asegúrese de obtener información de contacto de los editores, diseñadores o programadores que trabajen en el sitio web en caso de que necesite hacer arreglos con ellos en el futuro.

8. No deje nada al azar, y no confíe en el propietario del sitio web para que se encargue de todo. Haga un seguimiento de todo lo que pueda seguir para asegurarse de no golpear ningún inconveniente inesperado en el futuro.

Cree su propio sitio para vender

Comprar un sitio web establecido para realizar algunos ajustes simples no es la única forma de obtener ganancias. Hay otra opción: desarrollar su propio sitio web desde cero. Esto es mucho más difícil que comprar un sitio establecido, y Empire Flippers recomienda encarecidamente comprar sitios establecidos para comenzar. Ya sea que esté creando un sitio web desde cero o simplemente haciendo una revisión importante, estos son los aspectos clave que deberá tener en cuenta.

Elegir un nombre de dominio excelente

Los nombres de dominio son un aspecto extremadamente importante de su negocio. Elija cuidadosamente; Esta va a ser la primera impresión que obtienen los visitantes de su sitio web, por lo que desea que sea una buena. Recuerde estos consejos para elegir un nombre de dominio estelar:

- Menos es mucho, mucho más. El nombre de dominio ideal es de una o dos palabras de longitud. Tres pueden funcionar, siempre y cuando el nombre general sea memorable y pegajoso.

-Realice un comienzo de SEO buscando oportunidades para incorporar una palabra clave específica de nicho en su nombre de dominio.

- Cuantos más significados tenga su nombre de dominio, mayor será el mercado de compradores potenciales si vende el dominio más adelante. Un nombre de dominio amplio y versátil ofrece un valor de reventa más alto que uno demasiado específico.

-Evite palabras fácilmente mal escritas en su nombre de dominio. Los Nombres de Dominio captarán sitios web similares para hacer dinero con los visitantes que intentan llegar a su sitio web.

Después de tener un gran nombre de dominio en mente, visite Name.com, GoDaddy.com o NameCheap.com para registrarlo.

Encontrar su anfitrión de sitio web

Una vez que tenga su nombre de dominio, lo siguiente que necesita es un lugar para alojarlo. Un proveedor de hosting básicamente alquila espacio en su servidor para que su sitio web tenga un lugar donde almacenar todos los datos que va a poner en él. Intenta encontrar un proveedor de hosting que ofrezca planes de alojamiento de revendedor. Piense en este tipo de subarriendo como, puede ofrecer a un cliente un lugar para alojar su propio contenido a través de su sitio y obtener una ganancia al hacerlo. Bluehost.com, GoDaddy.com y HostGator.com son buenos lugares para comenzar a buscar esta función.

El contenido es rey

El contenido proporciona valor a los clientes y mejora la clasificación de los motores de búsqueda. Si no es escritor, no se preocupe: aquí hay otras opciones para obtener contenido en su sitio además de escribirlo usted mismo.

Contenido de reventa: este es otro tipo de contenido listo para comprar, pero a diferencia del PLR, no puede modificar o revender el texto de ninguna manera.

Nuevo contenido de la Comisión: contratar a un escritor para producir contenido nuevo es la mejor opción. Un escritor creará contenido que se adapta específicamente a su sitio, y usted tendrá los derechos de autor completos del texto. Será completamente único, que es el mejor tipo de contenido para impulsar su posicionamiento en los motores de búsqueda. Puede encontrar fácilmente escritores en upwork.com y fiverr.com.

Después de que haya subido su contenido inicial en el sitio, continúe ajustando las clasificaciones SEO más altas y más tráfico. Ya sea que esté planeando vender el sitio web o guardárselo, quiere que sea lo más rentable posible.

SEO y palabras clave

Afortunadamente, si está emprendiendo la aventura de invertir en sitios web, ya está familiarizado con las prácticas básicas de implementación de palabras clave para la optimización de motores de búsqueda. Si no es así, definitivamente querrá mejorar a medida que comienzas a refinar el contenido de su sitio web para que pueda aumentar el tráfico y ganar dinero con su sitio web.

Decida qué tan amplio o "puntiagudo" quiere que sean sus palabras clave definiendo su público objetivo. ¿Desea apuntar a un nicho específico muy pequeño o a un público más amplio? Tenga en cuenta que es más fácil revender un sitio web con un gran atractivo que uno con un enfoque limitado.

Si aún no lo ha hecho, aprende a amar Google Adwords; está diseñado para ayudarlo a encontrar las mejores palabras clave para su nicho de mercado, lo cual es extremadamente útil para mejorar los rankings de los motores de búsqueda y las campañas de AdSense.

Indexación

La indexación es un paso crítico para un sitio web exitoso. Básicamente, tener su sitio web indexado significa que los motores de búsqueda pueden incluirlo en sus resultados de búsqueda. Para la mayoría de las empresas, será extremadamente difícil, si no imposible, crear una audiencia sólida sin una clasificación de resultados de búsqueda sólida, por lo que definitivamente desea que la indexación sea una prioridad.

Desafortunadamente, la indexación no ocurre de inmediato. Llevará un tiempo que los sitios nuevos se indexen y comiencen a escalar posiciones. Sin embargo, hay algunos pasos que puede seguir para acelerar el proceso.

Todos los comunicados de prensa son una buena prensa

Los comunicados de prensa son una excelente manera de indexar su sitio. Hay una multitud de servicios en línea que le permitirán colocar un comunicado de prensa para anunciar el lanzamiento de su sitio web. Asegúrese de incluir una URL en el lanzamiento que enlace directamente a su sitio web, esto ayudará a que su sitio sea indexado y mejore el tráfico. Como beneficio adicional, si decide vender el sitio web en el futuro, podrá mostrarle a un posible comprador que ya ha publicado comunicados de prensa para el sitio. Esto ayudará a demostrar que ha estado tomando medidas para construir un sitio web efectivo y rentable.

Consiga que lo encuentren en Craigslist

Craigslist es el dueño de un algoritmo de Google: es un sitio web lleno de contenido único y constantemente actualizado, dos aspectos que el posicionamiento en los buscadores premia enormemente. No hay costo para publicar en Craigslist, por lo que puede aprovechar el favoritismo de Google al crear un anuncio para su sitio web.

Simplemente vaya a la categoría Servicios ofrecidos y escriba una publicación que detalle por qué su sitio web es valioso para los visitantes (¡asegúrese de incluir su URL!). Haga esto para una o dos ciudades y ya está todo listo, y corre el riesgo de ser marcado por Craigslist o Google como correo no deseado. Pero incluso una o dos publicaciones probablemente indexarán su sitio más rápido y en el camino para encabezar los resultados de búsqueda.

Sitemaps

Google ofrece otra gran herramienta para indexar sus sitios más rápidamente. El sitio web de Google SiteMap proporciona un software que se rastreará a través de su sitio web y, esencialmente, producirá una lista organizada de cada URL distinta que se incluya en ella. Esta lista, llamada mapa del sitio, puede enviarse a los motores de búsqueda (no solo a Google), lo que permitirá una indexación mucho más rápida y resultados de búsqueda más eficientes, ya que el motor de búsqueda ya conoce cada página de su sitio y puede dirigir a los visitantes en consecuencia.

Indexación a mano

En lugar de esperar a que los motores de búsqueda lo encuentren, puede traer su sitio directamente a ellos enviando su URL directamente. Simplemente vaya a la página principal del motor de búsqueda y envíe la URL de su sitio web. Esto no solo se aplica a Google; también puedes hacerlo por Yahoo!, Bing, MSN y otros.

Llevar su sitio web al mercado

Si ha llegado hasta aquí, ¡felicidades! Llegar al punto de vender su sitio web significa que ha realizado muchas investigaciones, elegido un nicho, comprado un sitio o dominio y creado un sitio web rentable. Esa no es una tarea fácil. Afortunadamente, esta es la parte en la que su arduo trabajo vale la pena.

Mucha gente quiere comprar sitios web que ya son exitosos. Les ahorra todo el tiempo y el esfuerzo que entra antes de que un sitio web genere ganancias: diseñando, curando contenido, investigando nichos y optimizando resultados de búsqueda, básicamente, todo lo que ya ha hecho. Cuando tiene un sitio web exitoso que está listo para vender, esto es lo que necesita saber.

Vender su sitio

Flippa.com

Flippa.com es actualmente el lugar más grande y popular para comprar o vender sitios web. Incluso puede comprar dominios y aplicaciones. Hay más de 700,000 compradores y vendedores en el sitio, según su página, por lo que siempre debe haber un comprador interesado para su sitio de nicho.

Empireflippers.com

Empire Flippers también puede vender su sitio por usted y son los mejores en el negocio en lo que hacen. Écheles un vistazo en www.empireflippers.com.

Estos son algunos consejos excelentes, proporcionados por Flippa, para que su sitio web se venda por el precio más alto. Tenga en cuenta que estos consejos no son específicos de Flippa. Deben usarse en cualquier sitio que use para vender su sitio web.

Séa descriptivo: muchas subastas infructuosas en Flippa tienen muy poca información en la descripción. Desde la perspectiva del comprador, si no está dispuesto a entrar en detalles sobre su sitio, generalmente es una mala señal. Debe tener un resumen o resumen general de alto nivel en la parte superior de la copia de la subasta, y luego use el resto de la descripción para profundizar en los detalles. Use los encabezados para dividir los bloques de texto y apunte directamente a las diversas secciones de la copia de la subasta.

Atención al detalle: si bien la mayoría de los compradores tolerarán uno o dos errores ortográficos, querrá asegurarse de que sus datos y estadísticas sean ajustados en todos los ámbitos. Es una señal de alerta si menciona 7,435 visitas por mes y luego dice 9,305 visitas más abajo en la copia de la subasta. Si el inglés no es su idioma nativo, pague a alguien para que escriba su copia de manera que simplemente ingrese los números del sitio que está vendiendo.

La transparencia como diferenciador: La gente tiende a comprar a gente que conocen, les gusta y en quienes confían. Puede ser difícil establecer una buena relación en el contenido de la subasta, pero considera vincular tus perfiles sociales y demostrar que eres una "persona real". Los compradores encuentran una oferta aterradora en las subastas que son anónimas, así que siempre puse un enlace a mi blog, perfil de LinkedIn, etc. Esto muestra a los compradores que no me estoy escondiendo y me comunica la confianza de que soy alguien con quien pueden trabajar, en caso de que surja algún problema. Dado que muchos vendedores prefieren permanecer en el anonimato, ser transparente es una gran manera para que su sitio se destaque.

Deje de sobrevender: los compradores sí tienen una filosofía "si es demasiado bueno para ser cierto...", por lo que afirmar que su sitio de $800 podría "ganar fácilmente $1,000 por mes en un par de semanas" no va a ayudar. (Si fuera cierto, ¿por qué no lo haría y lo vendería por más?) Está bien pintar una imagen positiva, pero es mucho mejor que tome un enfoque práctico. No se centre en las cifras cuando se trata de explicar el potencial del sitio. Poner demasiado énfasis en las cifras también puede reducir el valor que un posible comprador ve en su sitio (por ejemplo, decir que su sitio tiene el potencial de ganar $1,000 por mes, cuando el comprador ve una oportunidad de $5,000 por mes).

Construya el historial de confianza: si desea vender sitios de manera regular, es importante generar confianza y una sólida reputación. Al igual que las subastas que tienen espectadores o observadores, Flippa también tiene una función de "Vendedor vigilado". Esta función envía automáticamente correos electrónicos a los observadores cuando un vendedor al que siguen enumera un nuevo sitio para la venta. Además, implementamos una política de "sobreventa y sobre entrega" con todos nuestros compradores, lo que ha mantenido nuestro feedback 100% positivo y ha dado lugar a críticas entusiastas. Incluso si solo vende sitios más grandes una vez cada uno o dos años, desarrolle su historial de ventas con ventas más pequeñas para obtener el mejor precio en su próxima venta importante.

Estrategia de precios: Puede parecer una locura, pero ponemos precio a todas nuestras subastas a $1 sin reserva. Esto garantiza que el sitio web se venderá y tendrá una excelente oportunidad de llegar a la primera página de la sección "Más activa" de Flippa. También reduce nuestro enfoque. Ahora que sabemos que el sitio definitivamente se va a vender, nuestro trabajo se vuelve más claro: ¡haga todo lo posible para obtener tantos puntos de vista como sea posible! Esta estrategia ha sido fundamental para obtener el mejor precio en todas y cada una de las subastas que hemos enumerado. "Si está vendiendo algo de valor, deje que el mercado determine el valor".

Si no puede soportar la idea de poner una reserva, haga una lista de su subasta de $ 1 y coloque una reserva que sea el mínimo absoluto que espera. Si bien no es tan atractivo, aún puede obtener suficientes ofertas para aparecer en "Más activo". En las últimas 24 horas, con suerte habrá pasado la reserva. No hay nada que diga que tiene que regalar el precio de reserva incluso cuando los compradores potenciales pregunten. Si se regala, puede obtener una oferta anticipada directamente al precio de reserva, pero perderá todas las ofertas menores de menor cuantía que se requieren para aparecer en "Más activo".

Estrategia de subasta: Comenzamos aceptando ofertas manualmente al comienzo de una subasta y cambiamos a automático durante el final. El motivo es simple: queremos maximizar el número de ofertas para asegurarnos de aparecer en "Más activo". Por ejemplo, puedo iniciar una subasta y obtener una oferta de $500. En lugar de aceptar esa oferta, lo pensare un rato, me despertaré al día siguiente y veré que tengo cuatro ofertas adicionales por menos de $500. Ahora puedo aceptar todas las ofertas, incluida la de $500. Eso es un total de cinco ofertas en lugar de una, lo que ayuda a mi posicionamiento.

Tenga cuidado con los compradores inteligentes. Quieren que la menor cantidad de gente posible revise su subasta para que puedan evitar una guerra de ofertas. Es posible que ofrezcan su mejor oferta anticipadamente con la esperanza de que acepte de inmediato. Ese precio más alto desalienta a otros postores y ayuda a que el mejor postor mantenga la subasta fuera de "Más activo".

No se venda barato durante "La recaida": obtendrá una ráfaga inicial de vistas cuando se active su subasta, y entonces las cosas se ralentizarán. Camino hacia abajo. El medio de su subasta es el período oscuro donde no habrá casi tantas vistas. Compradores entendidos lo saben y tratarán de comunicarse con usted para que venda barato su sitio directamente. Si hacen una oferta con la que está satisfecho, siéntase libre de tomarla, pero descubrimos que estas ofertas generalmente son mucho más bajas que el precio que finalmente obtendremos si seguimos con la subasta.

Promuevase fuera de Flippa: mientras Flippa hará todo lo posible para vender su subasta exitosamente, ¡no está de más ayudarlos! Cuando está comenzando su subasta a $ 1 (y sin reservas), su trabajo es claro: obtenga la mayor cantidad posible de visitantes específicos para su subasta.

Mire dónde se encuentra en línea y vea si puede usar su autoridad en ese espacio para generar interés en su subasta. Si está vendiendo un sitio en el nicho de la salud y es miembro habitual de un foro de salud, considere vincularlo a su subasta con su firma. Busque publicaciones relacionadas en ese foro y agregue valor a la conversación. Esto conducirá naturalmente a más visitas a su subasta. No genere spam; un enfoque suave es lo mejor. Incluya su enlace como parte regular de su conversación y lo hará bien.

Comentarios de la subasta: Notará que las subastas en vivo tienen un recuento visible de la cantidad de comentarios realizados. Esta es otra forma de prueba social que puede utilizar para obtener más clics en su subasta, por lo que usamos los comentarios para proporcionar actualizaciones con respecto a las ganancias, el tráfico, etc. También respondemos a cada comentario que recibimos en la subasta, duplicando efectivamente la cantidad de comentarios. Nuevamente, no hay razón para hacer spam aquí. Unas pocas actualizaciones y la respuesta a cada comentario garantizarán que su subasta sea interesante y le informa a los posibles compradores que usted está en la mira.

Paginas Web de seis cifras

Invertir en sitios web puede ser una estrategia altamente rentable para los vendedores de Internet. Si está familiarizado con los conceptos básicos de diseño de sitios web, SEO y marketing en línea, ya está preparado para comenzar a ganar dinero con este método.

El uso más efectivo de esta estrategia, sin embargo, no es con una venta de una sola vez. Para aprovechar al máximo el potencial de la inversión en sitios web, puede trabajar en cinco o diez sitios web a la vez, o incluso más. Puede optimizar cada uno de estos sitios web y dejar que su valor crezca a medida que envejece, y luego venderlos de forma continua para maximizar sus ganancias.

Ya sea que decida comenzar con el estacionamiento de nombres de dominio, el intercambio de sitios web o el desarrollo de sitios web, hay muchas oportunidades de combinar y personalizar estas opciones para encontrar el método perfecto que funcione para usted. Piense en estas estrategias como herramientas, y con ellas, puede construir su propio negocio en línea altamente exitoso.

Concluiremos con algunos consejos útiles finales:

> - Como con cualquier otra cosa, la mejor forma de aprender es hacerlo. Sumérjase y pruebe estas estrategias: cuanto antes lo hagas, antes verá sus primeras ganancias.

> - Involucrarse con la comunidad de vendedores de Internet que emplean métodos similares a los suyos. Conéctese con otros profesionales a través de blogs y foros para conocer las últimas noticias, herramientas y estrategias para el éxito.

> - Vigile su competencia; son un valioso recurso de aprendizaje. Aprende de sus éxitos y sus errores.

- Tener un enfoque ágil y flexible para invertir en sitios web. Asegúrese de estar evaluando constantemente sus prácticas para que pueda corregir sus debilidades y aprovechar sus puntos fuertes.

- No hay un límite superior para la inversión en sitios web. Su potencial de ingresos es esencialmente ilimitado, así que siga desafiándose a sí mismo para encontrar nuevas formas de crecer y expandir su negocio; es posible que se sorprenda de lo lejos que puede llegar.

Según Empireflippers.com, los sitios web se están vendiendo en alrededor de 23-24 veces de ganancia. Eso significa que solo necesita construir su sitio lo suficiente como para generar ganancias de $5,000/mes con el fin de venderlo por un día de pago de seis cifras. Siga los pasos en este capítulo, en el capítulo del sitio de membresía, en el capítulo del sitio de la autoridad o en el capítulo de blogs, ¡y podría ver un pago de seis cifras antes de lo que crea!

Greg, el administrador de contenido de Empire Flippers, brindó algunos consejos excelentes para obtener un sitio web de $100,000:

"Hacer una buena investigación de palabras clave. Enfóquese realmente en palabras clave que son muy poco competitivas, y una forma de hacerlo es instalar el complemento MozBar y ver otros sitios con un AD similar -es decir, autoridad de dominio- como su sitio, y luego conectar ese sitio a una herramienta como Ahrefs. Si su AD tiene 18 años y encuentra otro sitio web con un AD 18 en su nicho, conecte ese sitio web a Ahrefs y vea en qué se clasifican en la primera página de Google. Si están clasificando para eso, hay una buena posibilidad de que pueda clasificar y producir mejor contenido que esas personas. Además, definitivamente invierta en algunos canales de redes sociales, porque eso ayudará a crecer de forma viral y ayudará a que su sitio web crezca más rápido.

En cuanto a lo realmente rápido, si tiene el capital, yo haría Amazon FBA. Amazon tiene una cantidad asombrosa de tráfico. Tardará entre 3 y 4 meses, probablemente, antes de que su listado realmente se publique, porque tiene que buscar un buen producto y luego obtener ese producto, probarlo, asegurarse de que sea bueno y luego enviar el producto real al lugar de cumplimiento de Amazon. antes de que su anuncio se publique. Pero una vez que se activa, puede ser muy fácil de administrar. Muchas personas gestionan estas empresas Amazon FBA gastando solo 2-4 horas a la semana en ellas, si es que a veces. Solo asegurándome de que no se queden sin inventario. Entonces, si alguien quiere -no "hacerse rico rápido" ni nada, pero quiere ver ganancias rápidamente, y tienen el capital para invertir, entonces ese es probablemente el mejor lugar para ellos.

Una cosa que diría, en mi opinión, y por supuesto, trabajo para una correduría, así que tal vez soy parcial: creo que comprar un sitio web es en realidad mucho más fácil que construir uno desde cero. Especialmente si eres nuevo y aún no tiene muchos recursos disponibles.

Por ejemplo, tuvimos este tipo que nos compró un sitio web de AdSense que ganaba $1,200 al mes, y él nos lo compró y en 2 o 3 meses, pasó un total de tal vez 10 horas durante esos 2 o 3 meses, pero instaló solo un plugin simple. Todo lo que hizo fue reordenar hacia dónde van los bloques de anuncios y decidir cuál es la mejor posición para los bloques de anuncios. Debido a eso, aumentó los ingresos de su sitio web a $2,000 o $2,100 al mes, por lo que casi duplica lo que ganaba solo 3 meses antes. Y unos meses más tarde, podría vender ese sitio por casi el doble de lo que lo compró, todo solo por esas 10 horas de trabajo. Además, estaba obteniendo los ingresos durante todo el proceso.

En comparación con alguien que está construyendo un sitio desde cero, el SEO lleva tanto tiempo escribir que en la actualidad, probablemente no verá un centavo durante los primeros 6 meses de un sitio de contenido porque lleva tiempo. Ese 9 de cada 10 donde gana su primera comisión de afiliado de Amazon y gana ese cheque de $50, mucha gente dice "Dios, pasé 9 meses haciendo esto por este cheque de $50", pero de lo que no se dan cuenta es de ellos". Está justo a la vuelta de la esquina para que ese sitio comience a hincharse y comience a crecer en algún lugar posiblemente muy grande.

De nuevo, si no quiere esperar, comprar un sitio web será mucho más fácil porque tiene mucho más con que trabajar".

Caso de estudio

El experto en Amazon que mencioné anteriormente, Will, también ha tenido algunos sitios web exitosos. ¿Y qué sabe Will? ¿Qué él ha hecho? ¿Qué es lo que le apasiona? Amazonas. Entonces, ¿de qué cree que se trata su sitio? Amazon.

Will se encontró buscando en los foros de Amazon y se dio cuenta de que los "expertos" que estaban dando consejos eran personas que ganaban $5,000 por mes o menos. Si bien ese es un ingreso marginal muy bueno, Will estaba ganando 10 veces esa cantidad y pensó que podía proporcionarle consejos mucho mejores. Para darle aún más credibilidad al sitio y cortar la pelusa, verificó que cada carpintero era un vendedor real, no "voy a hacer muchas preguntas tontas, pero nunca venderé nada".

Creó un foro privado para vendedores verificados de Amazon llamado FBA Mastermind y cobró $20 por mes. La belleza de un foro privado es que sus miembros producen todo su contenido. Preguntan y responden las preguntas de los demás con muy poca información necesaria del propietario. Terminó inscribiendo a unos 150 miembros, disfrutó de la ganancia de $3,000 durante seis meses más o menos, y luego vendió el sitio por $68,000. Mejor aún, no gastó ni un centavo en hacer el sitio web. ¡Cambió parte de su conocimiento de Amazon a los diseñadores de sitios web y lo hicieron gratis!

CAPÍTULO 10: Oro y plata

La práctica estándar para el oro y la plata es comprar ladrillos, barras y monedas y almacenarlas hasta que el valor suba. Especialmente en este ciclo en el que estamos ahora con dinero, la gente realmente quiere poseer oro y plata para proteger el valor de su dinero. El problema con esa estrategia es que puede estar sentado en oro y plata por 10, 15 o 20 años sin que realmente esté haciendo nada.

Minesh Bhindi, de www.goldandsilverforlife.com, ha descubierto una forma de convertir el oro y la plata en activos generadores de ingresos, al igual que en el sector inmobiliario. Lo que hace es ayudar a la gente a utilizar estrategias institucionales para que esas tenencias de oro y plata comiencen a generar un ingreso, de modo que mientras espera que el valor del oro y la plata aumente, también estás ganando entre un 1% y un 2.2% un mes en flujo de efectivo.

Piense en ello como una propiedad de alquiler. Usted es el propietario del activo, pero permite que otra persona lo use por una tarifa fija cada mes. Idealmente, esta tarifa es más alta que su costo mensual y puede obtener ganancias. En este caso, su propiedad de alquiler es de oro y plata.

Cómo funciona

Minesh y su equipo usan ETF y opciones para hacer justamente eso. Los ETF son fondos cotizados en bolsa, y funcionan así: un administrador de fondos establece un fondo y todo el capital de ese fondo se mantiene en oro y plata físicos La ventaja de hacer esto es que puede usar opciones en el mercado para generar flujo de caja. Ahora, la mayoría de la gente huirá de esta perspectiva si no son inversores experimentados, pero las opciones son solo vehículos creados por los más acaudalados para permitir que la gente especule en el mercado bursátil.

La forma en que Minesh y su equipo usan las opciones es la forma en que se supone que deben usarse, que es proporcionar un ingreso, permitir que otras personas especulen y que el titular del activo genere un ingreso de ese activo. Según el Chicago Board of Options Exchange, el 90% o el 95% de los especuladores de opciones pierden dinero cada mes. El problema con el mundo de la educación para la inversión es que el 95% de los cursos de educación para la inversión les enseñan a las personas a especular con opciones. Minesh y su equipo hacen todo lo contrario, y es por eso que tienen una tasa de éxito verificada independientemente del 92% para sus clientes. Obviamente, no tienen las promesas de que va a hacer garantías de 11%, 12%, 15% por mes en el comercio invertido que otras personas hacen, pero una vez más, esta empresa ha estado funcionando durante seis años y tienen clientes en 40 países y una tasa de éxito del 92%, por lo que la estrategia funciona.

Si tuviera 10 onzas de oro físico, tendría que convertirlo devolviéndolo al efectivo y luego comprando los ETF con ese efectivo. Tiene que tener mucho cuidado con los que usa, simplemente porque hay fondos creados por personas que son deshonestas con respecto a la cantidad de oro que se mantiene en ese fondo, o que muchas de ellas se mantienen en efectivo. por mucho tiempo. Otros fondos son lo que se llama ETF apalancados, que en realidad tampoco desea usar. Eso básicamente significa que por cada dólar que pierda el oro, el fondo podría mover $2 o $3 en la misma dirección.

En lo que respecta a los fondos ETF, los únicos fondos que desea ver son GLD y SLZ, simplemente porque son los más grandes y están establecidos por las instituciones más importantes del mundo. GLD fue respaldado por el World's Gold Council, fundado por ellos, y es administrado por algunas de las mayores autoridades del mundo. Fue el ETF de más rápido crecimiento en la historia y tiene tenencias de capital en alrededor de $70 mil millones. Estos no son fondos de juego; estos son fondos reales.

La forma en que funciona es que tiene acciones, al igual que ser dueño de una propiedad. Luego ve y encuentra un inquilino para esa propiedad. La única diferencia es que, en este escenario, el inquilino obtiene el derecho de comprar su propiedad por un cierto precio en una fecha determinada, que generalmente es un mes más allá de hoy, por ejemplo. El "inquilino" le pagará una prima por mantener ese precio por un mes. Ganan dinero si la acción se dispara por el techo, que es lo que creen que va a hacer. Minesh gana dinero si sucede algo más. Típicamente, las reglas hacen que el precio de las acciones subiendo en un cierto punto no ocurra. Eso significa que el 95% del tiempo, Minesh y su equipo están ganando dinero simplemente porque los especuladores están perdiendo. El otro 5% de las veces, están ganando dinero porque el precio al que acordaron vender la propiedad, por así decirlo, es más alto que el precio al que lo compraron.

Por ejemplo, digamos que una onza de oro es $100. Entra un especulador y el precio del oro está en $112. Él piensa que va a ir a $119 o $120. El precio sube un poco más a $114, por lo que pensará, "Está bien, esto definitivamente va a suceder". Ahora usted, como operador de opciones, entra y vende lo que se llama una opción de compra a $115, que básicamente le da al especulador el derecho de comprar esa acción si el precio supera los $115. Lo que Minesh y su equipo hacen es usar sus herramientas de análisis para decirles cuál es la probabilidad real de que esa acción supere los $115.

Digamos que el análisis concluye que la probabilidad de que el precio de las acciones vaya más allá de los $114 y quebrantando $115 es bajo. En ese momento, Minesh y su equipo deciden dar el contrato al especulador.

¿Ahora que? Durante el próximo mes, más que probable de las probabilidades determinadas por el análisis de Minesh, es que el precio va a bajar en lugar de subir. Si el precio baja, mantenga su prima de $2 o lo que el especulador le haya otorgado por el derecho a hacer eso. En su cabeza, si le está dando $2, a $115 su costo total es de $117. Si va a $120, tiene ganancias de $3. Todo lo que le dieron es de $2 para mantener el inventario por ese período de un mes. El especulador hará una gran ganancia si funciona a su manera. Lo más probable es que el precio baje y regrese a $100. En ese momento, puede mantener esa prima de $2 y podrá hacer lo mismo el próximo mes.

Cómo hacer $ 100,000 con oro y plata

Generar seis cifras con esta estrategia depende de algunas cosas. Número uno: depende de la cantidad de capital con la que comienza. Los ROI comprobados son de 1% -2.2% por mes con este programa. La gente puede revertir cuánto capital van a necesitar para ver si esto tiene sentido para ellos.

En segundo lugar, depende de qué tan rápido pasen por el programa. El programa de Minesh tiene una duración de seis horas, pero es posible que alguien deba pasarlo tres veces. Minesh también ofrece llamadas de coaching semanales para que las personas asistan indefinidamente. Tienen clientes que se unieron en diciembre de 2010 que todavía asisten a esas llamadas de preguntas y respuestas y nunca se les volvió a cobrar, a pesar de que la tarifa de inscripción para el programa se ha cuadruplicado.

Si su objetivo era $100,000, necesitaría tener un capital de $1.2M a $2M. Por cierto, eso es sin una apreciación del capital en oro y plata.

Básicamente, puede pensar en este proceso como un dividendo autogenerado. Adquiere el oro y la plata (acciones) y obtiene ingresos mensuales de su posesión (pago de dividendos). Al igual que poseer acciones de dividendos, también obtiene el aspecto de generación de riqueza, dependiendo de cuánto tiempo va a estar en el mercado. Algunos de los clientes de Minesh tienen $100,000 en oro y plata, y van a ganar mucho dinero no solo con el oro y la plata, sino también con el flujo de caja que van a generar en los próximos cinco a 10. años para los que están manteniendo la inversión.

Puntos clave

Una de las grandes claves del éxito de Minesh es, una vez más, comenzar. Tienes que hacer las cosas para ver cómo funciona realmente. La teoría no gana dinero.

En una historia que contó, se dio cuenta de por qué no tenía que ir a la escuela de negocios después de la escuela secundaria. Cuando estaba en la escuela secundaria, había comenzado un negocio. Tenía 16 años, hablaba en escenarios los fines de semana, ganaba mucho dinero y luego iba a la escuela y escuchaba a los profesores de estudios empresariales. Hubo un momento en que el proyecto consistía en escribir un plan para un proyecto empresarial.

"Creé todo este plan de negocios en un negocio que ya se estaba ejecutando. Así que déjame poner esto en perspectiva. Estaba ganando más dinero que estos maestros, a esa edad, y me pedían que escribiera un plan de negocios sobre un negocio que haría, ¿no? Solo para configurar el premarco. Así que escribí este plan de negocios para un negocio que ya se estaba ejecutando (¡y ganaba $15,000 por mes!) Y para la primera revisión, la maestra lo miró, me lo tiró a la cara y me dijo: '¿Quién va a comprar algo de ti? en línea? 'Luego se acercó a otra persona que creó un plan de negocios, con todo el respeto, que necesitaba $300,000 de capital de inversión que no tenía idea de dónde obtener. Era un centro de matrícula en el medio de algún vecindario. La razón por la que fue recompensada es porque ese plan de negocios era creíble. El trabajo que hacemos no es creíble para la mayoría de la gente".

Su plan de negocios era "normal". Para la mayoría de la gente es tan extraño que uno puede ganar dinero sin un trabajo "real".

¿Negociando Plata para Bienes Raíces?

"Creo absolutamente que cada persona en la Tierra en este momento debería descubrir cómo comprar alrededor de $5,000 en plata." – Minesh Bhindi

Digamos que toma el consejo de Minesh y compra ese valor de $5,000 de plata hoy. ¿Cómo puede generar $100,000 por año con eso? En un artículo escrito por Jeff Clark, analista de metales preciosos de goldsilver.com, describe exactamente cómo poseer una cantidad relativamente pequeña de plata podría potencialmente hacerle comprar una casa de vacaciones en el futuro cercano.

La fórmula es realmente bastante simple:

1. Compre suficiente plata hoy.
2. Mire los valores de bienes raíces disminuyendo.
3. Mire cómo suben los precios de la plata.
4. Vende tu plata cuando el pánico se instale y recoja tu casa.

Las tendencias de precios de la plata y los bienes inmuebles tienden a moverse en direcciones opuestas: a medida que aumenta el valor de la plata, el valor de los bienes raíces a menudo baja. Si puede trabajar estas dos tendencias a su favor, puede comprar la cantidad máxima de bienes inmuebles por la cantidad mínima de plata. Con base en los datos históricos, podemos dirigirnos a una confluencia de estos dos factores.

Bienes raíces

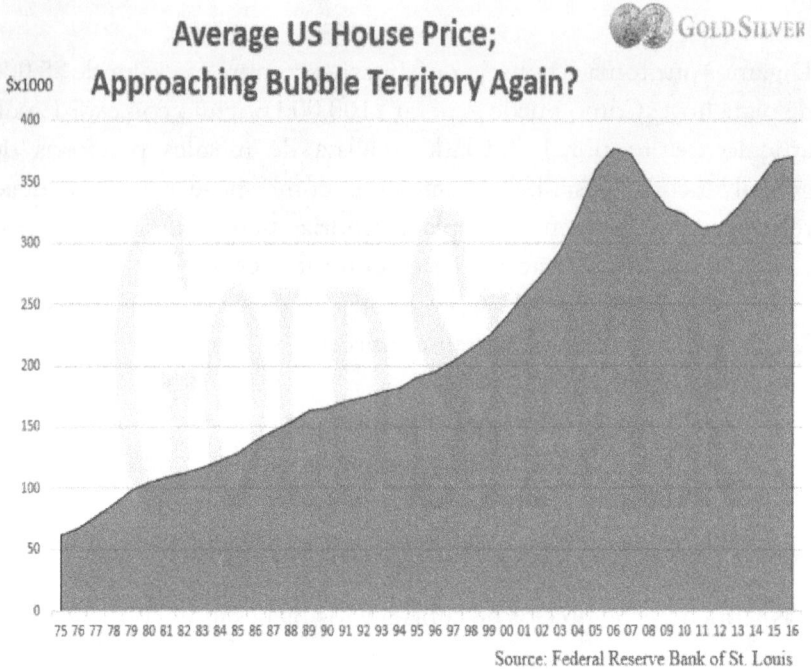

Average US House Price;
$x1000 Approaching Bubble Territory Again?

Source: Federal Reserve Bank of St. Louis

La primera de estas tendencias a lidiar es inmobiliaria. El precio promedio de la vivienda ha aumentado un 18,5% entre 2012 y 2016, un ritmo muy superior a las tasas de crecimiento estándar, excepto por un período notable: a mediados de la década de 2000, que condujo a los precios récord de las viviendas en 2006.

Los expertos en bienes raíces informaron que las casas en el área de San Francisco se han estado vendiendo por encima del precio solicitado durante todo el año 2016. Ese es un indicador casi seguro de que la burbuja está creciendo de nuevo y rápidamente.

Tarde o temprano, el aumento de los precios traerá tasas de interés en aumento. A su vez, las tasas de interés más altas generarán una caída de la demanda y, con ello, la caída de los precios. Esto podría lograrse de una de las dos maneras: o la Fed elevará las tasas directamente, o la inflación aumentará las tasas de interés en los próximos años simplemente a través de las fuerzas del mercado. Si esto se corresponde con el colapso que los expertos financieros han previsto en el mercado de valores, la caída en el valor inmobiliario podría ser aún más dramática.

Los analistas proyectan que las tasas de interés probablemente se mantendrán estancadas durante algunos años, pero si la historia nos enseña algo, es que solo es cuestión de tiempo hasta que aparezca la burbuja.

Oro y plata

En general, los expertos de la industria están de acuerdo en que los metales preciosos están ahora en un mercado alcista. Por lo general, los mercados alcistas no son tan transitorios en los mercados de oro y plata como en otros sectores, a menudo duran de dos a tres años a la vez.

El próximo aumento en los precios de la plata y el oro superará ampliamente el auge cíclico estándar. Teniendo en cuenta la oleada sin precedentes de divisas que se ha puesto en circulación, el mercado tendrá que dar cuenta de todo el exceso de dinero que se ha impreso, y podría hacerlo creando un aumento igualmente sin precedentes en los precios de la plata.

Históricamente, el crecimiento de la plata supera al del oro. Los precios del oro subieron un impresionante 2,328% en el apogeo de la ola de metales preciosos en la década de 1970, pero la plata se disparó positivamente a 3.105% en su máximo histórico. No es imposible que la plata experimente un crecimiento similar durante este ciclo.

Cómo la plata puede comprarle una casa

Como se puede imaginar, si el pico del mercado de la plata se alinea con el valle del mercado de bienes raíces, el inversionista inteligente

Ounces of Silver to Buy a Median-Priced US Home   GOLDSILVER

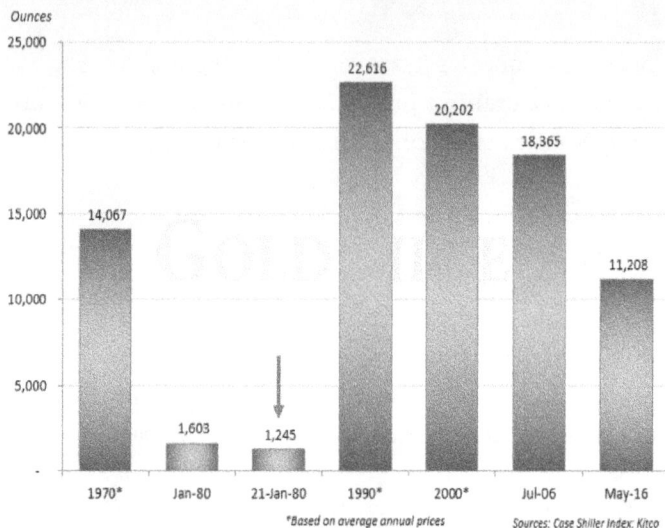

*Based on average annual prices   Sources: Case Shiller Index; Kitco

puede ofrecerle algunos tratos realmente fenomenales.

Este gráfico muestra la cantidad de onzas de plata necesarias para comprar una casa de precio medio en los Estados Unidos. La proporción más baja ocurrió el 21 de enero de 1980, cuando solo se necesitaban 1,245 onzas de plata para comprar una casa promedio. Fue entonces cuando la plata alcanzó su máximo histórico de $50. Para aquellos que no lograron vender justo en el pico, el promedio de ese mes para la plata fue de $38.80; los inversores que obtuvieron ese precio por su plata necesitaron 1.603 onzas para cubrir el costo de una casa.

Esta relación es aún más impresionante teniendo en cuenta el mercado inmobiliario en ese momento. El valor de las viviendas aumentó considerablemente durante la década de 1970, desde un precio promedio de $23,000 en 1970 a $62,200 en 1980. Pero a pesar de que el precio medio casi se triplicó en la década anterior, la relación cayó estrepitosamente cuando el frenesí plateado golpeó a toda máquina. La lección aquí es que los valores inmobiliarios no necesariamente tienen que caer para alcanzar estas bajas tasas de récord. Un aumento importante en los precios de la plata podría ser suficiente para crear esas proporciones por sí solo, y si las predicciones actuales son correctas, está en camino de hacer precisamente eso.

La misma tendencia se demuestra nuevamente en el tiempo posterior a 1980. Incluso durante el pico de la burbuja de la vivienda en 2006, la relación siguió disminuyendo debido a que los precios de la plata al alza estaban sobrepasando el valor medio de los bienes raíces.

Si las tendencias siguen la misma forma que lo han hecho en el pasado, la proporción podría caer una vez más a una miserable cantidad de 1,245 onzas de plata para comprar una típica casa estadounidense.

CAPÍTULO 11:

Inversión en dividendos

La inversión en dividendos es una estrategia de inversión que se centra solo en comprar acciones que pagan dividendos. Si una acción no paga un dividendo, no lo compre. En caso de que no sepa qué es un dividendo, un dividendo es una suma de dinero pagada regularmente por una compañía a sus accionistas fuera de sus ganancias.

Las mejores compañías que puede considerar para invertir en dividendos son las compañías de dividendos "de primera", lo que significa que son compañías bien establecidas que son rentables y ofrecen productos y servicios muy conocidos. Este tipo de empresas de primera línea tendrá una gran capitalización bursátil, lo que ayudará a un inversionista a filtrar compañías más pequeñas y menos establecidas.

Para encontrar las compañías ideales a largo plazo que pagan dividendos para invertir, consulte la lista "Dividend Aristocrat", que solo enumera las compañías que han pagado y aumentado sus dividendos anualmente durante 25 años. Esas compañías son fantásticas para establecer una cartera de crecimiento compuesto donde reinvierte todos sus dividendos para producir más dividendos.

Métrica de inversión en dividendos

Para elegir en qué compañías invertir de la lista de Aristocrat o de cualquier compañía que pague dividendos, debe analizarlas más detenidamente por su cuenta. Estos son los principales factores que

174

la mayoría de los inversores utilizan al analizar sus acciones de dividendos:

Rentabilidad por dividendo

El rendimiento de dividendos es el dividendo anual dividido por el precio de las acciones. Si la compañía paga un dividendo anual de $5 y el precio de la acción es de $100, entonces el rendimiento sería del 5% ($5/$100 = 0.05). El rendimiento es la cantidad de dinero que recibirá cada año por poseer sus acciones. Por lo general, lo mejor es mantenerse en el rango de 3% - 6% al elegir sus acciones. Si pagan menos, no estará muy satisfecho con la devolución, y si pagan más, la empresa no podrá mantenerse a largo plazo, ya que están pagando todo en dividendos en lugar de enfocarse en crecimiento.

Proporción de pago

El índice de pago es el porcentaje de las ganancias o los ingresos de una empresa que paga en forma de dividendos. Una empresa que consistentemente paga todo en dividendos no podrá hacer crecer el negocio ni el precio de las acciones. Para calcular el índice de pago, usted toma el dividendo anual dividido en el aumento del precio de las acciones de la compañía en el transcurso de ese año. Por ejemplo, si una compañía pagó $15 en dividendos este año y ganó $20 por acción, la proporción de pago sería del 75% ($15/$20 = 0.75). El mejor rango aquí probablemente sea del 30% al 75%, ya que eso generalmente muestra que la junta directiva se toma en serio la reinversión de las ganancias para hacer crecer a la empresa, pero también quiere pagarles a los accionistas.

Relación precio/ganancias (PE)

La proporción de PE es simplemente el precio de la acción en relación con sus ganancias por acción. Si el precio de las acciones de una empresa es de $20 y ganó $5 por acción en los últimos cuatro trimestres, su índice de PE sería de 4.0 ($ 20/$5 = 4). Básicamente, la proporción de PE indica la cantidad en dólares que un inversionista puede esperar invertir para recuperar un dólar de las ganancias de esa compañía. Lo mejor es mirar las acciones que cotizan a menos de 20 veces sus ganancias.

Plan de dividendos de $100,000

En última instancia, el objetivo para la mayoría de los inversores de dividendos será retirarse de los pagos de dividendos y dejar el capital de inversión intacto. De esta forma, no tiene que preocuparse de cobrar ningún portafolio, y con los aumentos de dividendos, debería poder protegerse contra la inflación. Pero nuestro objetivo es llegar a $100,000 por año en pagos de dividendos lo más rápido posible, así que veamos qué se necesita.

Primero, debemos comenzar por calcular cuánto debe valer nuestra cartera de dividendos para generar $100,000 por año. Quiero que este escenario sea extremadamente realista, así que usemos un rendimiento de dividendo conservador del 3.5% (el dividendo es el dividendo anual dividido entre el precio de las acciones). Para llegar a la cantidad que necesitamos para generar seis cifras, simplemente tomamos nuestra meta de $100k dividido por 3.5%.

$100,000/3.5% = $ 2,857,142.86

Sé lo que está pensando. ¿Cómo demonios podría yo obtener un portafolio de hasta $2,8 millones? Bueno, recuerde, hay 12 entrevistas en este libro con expertos reales en ingresos pasivos que han divulgado todos sus secretos sobre cómo llegaron a las seis cifras. Si sigue los consejos de este libro, puede que no sea tan difícil como cree.

No solo eso, sino que el 3.5% es muy conservador. Tal vez pueda lograr una rentabilidad por dividendo de 4.5%, lo que reduciría su objetivo en otros $600k a $2,222,222.22. Una cosa que debe recordar es que esta es de lejos la más pasiva de las opciones de inversión pasiva de ingresos, por lo que es lógico que sea el proceso más lento. ¿Pero podría imaginarse obtener $100,000 por año para literalmente no hacer nada una vez que obtiene su cartera para el objetivo? ¡Eso sería increíble! No solo eso, sino que su valor multimillonario deportafolio no se verá afectado una vez que comience a cobrar los cheques de dividendos.

"*El objetivo de la jubilación es vivir de sus activos, no de ellos*". Frank Eberhart

Ahora tenemos nuestra cantidad de cartera objetivo de $2,8 millones. Por lo general, la inversión en dividendos es para el inversor a muy largo plazo con décadas de inversión frente a ellos. Durante los próximos 35 años, si puede ahorrar $2,000 por mes al 6%, teóricamente alcanzará su meta de $2.8M en valor del portafolio. ¿No tiene $2,000 para invertir cada mes? ¡Use las estrategias en este libro! Si reinvierte cada dólar que hizo probando cada una de estas estrategias, ¡podría llegar a este número en la mitad del tiempo!

CAPÍTULO 12:

Empresas de regalias

Los inversores inteligentes siempre buscan formas de fortalecer y diversificar su portafolio. Una forma infravalorada pero poderosa de hacerlo es con las compañías de regalías. Estas son compañías que proporcionan un mecanismo de financiación para nuevas operaciones mineras a cambio de un porcentaje de las ganancias o de oro o plata muy descontados.

Si usted es un novato en recursos de acciones o un experto que busca perfeccionar sus estrategias de inversión, las compañías de regalías podrían ser el complemento ideal para su cartera.

¿Qué es una compañía de regalías?

Una empresa de regalías es, en resumen, "una entidad de financiación de minas que ha vendido acciones al público", según John Doody, uno de los principales expertos mundiales en oro y plata. En una entrevista con Stansberry Research, Doody explicó que se trata de empresas que esencialmente proporcionan capital a las compañías mineras, ya sea en la fase de exploración o en la construcción real de nuevas minas y plantas de procesamiento. Las compañías de regalías pueden ser consideradas competidoras con prestamistas bancarios y corredores con ofertas de acciones, y los mineros a menudo prefieren trabajar con compañías de regalías sobre cualquiera de estas otras opciones.

¿Cómo hacen los inversores para ganar dinero con las empresas de regalías?

Hay dos modelos básicos de pago por la forma en que los inversores hacen dinero con las compañías de regalías. Con el primer modelo, la compañía de regalías está financiando un programa exploratorio antes de que la mina entre en funcionamiento. Lo hacen a cambio de recibir regalías por las ventas futuras que resulten de un descubrimiento de oro o plata, normalmente entre 1% y 5%. La cantidad necesaria para comenzar un programa exploratorio no es muy alta, a menudo solo unos pocos millones de dólares, pero los retornos pueden ser considerables. Algunas compañías de regalías pueden recibir hasta $50 millones por año de una mina que ayudaron a financiar durante su programa de exploración, incluso si la inversión inicial fue hace 30 años.

El segundo modelo se centra en financiar la construcción de la mina real en lugar de un programa de exploración. Esta fase es más costosa para la compañía minera y representa una mayor inversión para la compañía de regalías. A cambio, la compañía de regalías recibe una "corriente": un pago de regalías que se basa en una cantidad específica de onzas por año, o un porcentaje fijo de las onzas producidas anualmente por la mina. Con este modelo, la empresa de regalías puede comprar oro con un descuento del 75% del precio spot actual, si proporcionan suficiente capital al minero por adelantado.

Para las compañías mineras, las corrientes son el método de financiación ideal para una nueva operación. En su entrevista con Stansberry, Doody explicó por qué esto es: "Si toman prestado el dinero de un banco, podrían tener que cubrir la producción... o el banco podría querer más seguridad de otros activos mineros, y así sucesivamente. Si venden más acciones para financiar la mina, diluye e irrita a los accionistas existentes". Por otro lado, las compañías de regalías ofrecen a las minas una fuente más fácil de capital y, a cambio, la empresa de regalías se beneficia de la producción de la mina.

¿Por qué las empresas de regalías son una oportunidad única para los inversores?

Las compañías de regalías ofrecen una serie de beneficios notables a los inversores. Una de las más importantes es que son una excelente manera de diversificarse. Una compañía minera estándar podría poseer solo una o dos minas, lo que representa un riesgo sustancial si una de esas minas tuviera problemas o dificultades (lo que a menudo ocurre con las minas).

Por otro lado, una compañía de regalías madura generalmente gana regalías desde cualquier lugar entre 10-50 minas diferentes. Incluso si una de esas minas fallara, el resto podría compensar la diferencia. Esto permite a los inversionistas aprovechar el lucrativo mercado de metales preciosos sin el alto grado de riesgo que implican las compañías mineras.

Por ejemplo, Royal Gold es una de las compañías de regalías más grandes del mundo. Tienen menos de 24 empleados, pero la compañía ha generado más de $300 millones en ventas en el último año. Eso es más de $12.5 millones en ventas por empleado. ¿Dónde más puede encontrar números así?

Silver Wheaton, otra gran compañía de regalías, emplea como máximo a 30 personas y, sin embargo, puede generar alrededor de $500 millones en ingresos. ¡Eso es $16 millones por empleado! Es muy posible que Silver Wheaton sea la compañía más rentable del mundo desde el punto de vista de los ingresos por empleado.

Otra ventaja clave que las empresas de regalías tienen sobre las compañías mineras es que una compañía de regalías no será responsable de los excesos de costos de capital. Las minas frecuentemente sobrepasan el presupuesto durante las fases iniciales de construcción y operación, y las compañías mineras a menudo necesitan poner más dinero de lo que originalmente anticiparon, pero no las compañías de regalías. Simplemente hacen un trato de una sola vez que asegura una cierta cantidad de las ganancias de la mina, y no tienen la obligación de ayudar con los excesos presupuestarios.

Además, las compañías de regalías no tienen ninguna exposición a aumentos en el costo de producción, y ese es un factor significativo en el mercado de oro y plata. A principios de la década de 2000, el costo promedio de la producción de oro era de aproximadamente $200 por onza. Ese promedio había subido a $650 en 2012, y está en camino de subir aún más. Las compañías mineras tienen que lidiar con estos costos de producción cada vez más elevados; las compañías de regalías no lo hacen.

Además de todos estos beneficios, probablemente el factor más importante para un inversor es que, en la mayoría de los casos, las compañías de regalías pagan dividendos considerablemente más altos que las empresas mineras. Debido a que la mayoría de las compañías de regalías, incluso las más importantes, tienen menos de 20 empleados, sus gastos generales suelen ser muy bajos, lo que significa un alto margen de beneficio. Es común que más del 90% de los ingresos por regalías se destinen a ganancias brutas, que luego se convierten en dividendos para los inversionistas, así como en el financiamiento de propiedades mineras adicionales. Eso significa que aproximadamente el 20% de sus ingresos por regalías se pagan como dividendos, que es una tasa mucho más alta de la que podría percibir una empresa minera típica.

Las empresas de regalías en la práctica

Uno de los mejores ejemplos del potencial de una compañía de regalías es Royal Gold. Esta era una compañía que comenzó bastante pequeña con solo unas pocas propiedades en su lista. Una de esas propiedades fue Cortez, una mina en Nevada donde se descubrió oro. Una compañía llamada Placer Dome desarrolló la mina, mientras que Royal Gold retuvo una regalía sobre la propiedad. Cortez eventualmente se convirtió en una mina extremadamente exitosa que producía cerca de un millón de onzas de oro por año. Los ingresos de la regalía de Cortez permitieron a Royal Gold adquirir más propiedades para repetir el mismo proceso. Eventualmente creció desde sus humildes comienzos hasta convertirse en un negocio multimillonario.

Para los inversionistas que buscan aprovechar una compañía como Royal Gold, las pautas básicas son las siguientes: las compañías de regalías más grandes generalmente negocian alrededor de 20 regalías por acción, lo que significa que una compañía con $2 en regalías por acción tendrá un precio 20 veces mayor, o $40. Las empresas de regalías más pequeñas tendrán un múltiplo de negociación de aproximadamente la mitad, en general unas 10 veces las regalías por acción.

Por supuesto, eso es un promedio, no una cantidad fija. Para aprovechar al máximo su inversión, compre regalías de pequeñas empresas que coticen alrededor de cinco veces los ingresos por regalías, y venda cuando se negocien cerca de 10 veces o más de regalías. Para las grandes compañías, cómprelas cuando estén cotizando cerca de 15 veces los ingresos por concepto de regalías, y venda cuando se negocien a más de 25 veces los ingresos. Pero comprar y vender según el múltiplo comercial de la empresa puede no ser la mejor opción. A largo plazo, es mejor comprar y mantenerse, dependiendo del portafolio de crecimiento de la compañía.

CAPÍTULO 13:

Otras estrategias de ingresos pasivos

Crear software

El software puede ser una fuente extremadamente lucrativa de ingresos pasivos.

Al igual que cualquier otra persona, supongo que tiene su cantidad justa de problemas. Anótelos y piense en formas de resolverlos. ¿No puede rastrear cuál de sus alumnos ha pagado por sus lecciones? ¡Cree un software que pueda rastrearlo por usted! Este es un ejemplo de la vida real de un estudio de caso en el libro "4 Hour Work Week" de Tim Ferriss.

Brandon era profesor de música y no podía hacer un seguimiento de cuáles de sus alumnos habían pagado y cuáles no, por lo que decidió crear una aplicación muy simple para ayudar a rastrear los pagos. Eventualmente esto se volvió un poco más sofisticado y comenzó a generar $1,000 por mes. Hoy, el software de Brandon incluye un conjunto completo de ofertas, así como un elemento de página web de bricolaje.

Cuando le informó por primera vez a Tim a finales de 2011, ya tenía $25,000 al mes (¡el 90% de los cuales era un ingreso pasivo!).

¿No sabes cómo programar el software? ¡Sé que no. Subcontrátelo! Al igual que casi todo lo demás en este libro, es extremadamente fácil encontrar programadores en línea en lugares como www.upwork.com o www.fiverr.com. Cualquier programador que valga su peso podrá crear software básico, y lo básico es todo lo que necesita para comenzar.

Armand Morin es otro experto en la creación de software (eche un vistazo a www.armandmorin.com). Encuentre una necesidad en el mercado y luego recurra a sus programadores en Upwork of Fiverr, les dice los detalles del programa que él quiere crear y hace que la gente pujando por sus programadores de trabajo en Upwork o Fiverr, les dice los detalles del programa que él quiere crear, y hace que la gente meta apuestas para trabajar para el.

"Mis clientes comenzaron a preguntarme: 'Sería genial si alguien pudiera encontrar un software que pudiera hacer esto.' Busqué en Internet, encontré un programador, porque sabía que eso era lo que necesitaba, y describí a ellos lo que yo quería. Continuaron y desarrollaron el software para mí. Y lo llamé E-book Generator, y lo lancé al público. Esa fue la primera vez que hice eso, y me pareció bastante fácil. Todo lo que tenía que hacer, desde ese momento, era producir el producto que deseaban. Pregúnteles y luego produzcalo".

La pieza promedio de software que Armand desarrolla le cuesta menos de $300. Cada vez que desee un flujo de ingresos adicional, ya sea un extra de $100 por mes, $200 adicionales por mes, $1,000 adicionales, en algunos casos $10,000 adicionales por mes, todo lo que tiene que hacer es simplemente crear otro producto y resolverlo otro problema para alguien Y al resolver ese problema, la gente querrá comprar ese producto, lo que significa ingresos adicionales para usted.

Armand publica proyectos en Upwork, y todas sus descripciones comienzan de la misma manera: "Este es un proyecto muy simple para un programador que sabe lo que está haciendo". Ahora, piense en esto. Si los programadores vuelven y dicen: "Bueno, ese es un proyecto realmente complicado, voy a tener que cobrarle mucho más dinero, "¿qué están diciendo? Están diciendo que no saben lo que están haciendo.

Una vez que ha contratado a un programador, Armand proporciona dos declaraciones precisas que le dicen lo que este proyecto pretende hacer. Él no tiene un diagrama de flujo o un diagrama grande. La mayoría de sus proyectos se realizan entre tres y 10 días desde el momento en que se publican.

REITs

Los REIT o fideicomisos de inversión inmobiliaria son acciones de compañías que poseen inversiones inmobiliarias, la mayoría de las cuales son propiedades comerciales, en los Estados Unidos e incluso a nivel mundial.

Este tipo de empresa se creó en 1960 cuando el Congreso aprobó una ley según la cual los REIT no tendrían que pagar el impuesto sobre la renta corporativo si pasaban al menos el 90% de los ingresos anuales a los accionistas como dividendos. Esto creó una enorme ventaja impositiva para los REIT como compañías de propiedades inmobiliarias, e incluso compañías no inmobiliarias como McDonald's han considerado formar un REIT para mantener su propiedad sobre terrenos.

Los inversores ganan porque el mandato significa pagos en efectivo más altos para los REIT en comparación con las acciones más tradicionales. El REIT ETF (NYSE: VNQ) de vanguardia paga una rentabilidad por dividendo del 3,9% anual, casi el doble del rendimiento pagado por las empresas en el S&P 500.

Los REIT pueden ser mucho más pasivos que las inversiones inmobiliarias típicas. A diferencia de los alquileres inmobiliarios, su inversión en REIT no requiere una gestión permanente para arreglar las tuberías de agua rotas y garantizar los permisos de alquiler. Comprar algunos fondos que poseen acciones de REIT puede diversificar su inversión a través de diferentes tipos de propiedades y geográficamente.

Conclusión

Una de las cosas principales que destacó cada experto que entrevisté es comenzar. Así de simple. El 95% de las personas, incluso las que leen cada libro y asisten a todos los seminarios, en realidad nunca comienzan. Puede pagar todo tipo de dinero para aprender las teorías, pero hasta que realmente comience a probar las cosas por usted mismo, no ganarás dinero. La teoría no paga.

¡Pruebe ALGO hoy! Hay 14 estrategias enumeradas en este libro. Elija uno y pruébelo. Si quiere probar Amazon, compre HOY un producto barato y vea si puede venderlo. Aprenderá más de crear una cuenta y hacer las ventas que de cualquier libro. Luego, una vez que aprenda el proceso, los libros y estrategias sobre los que ha leído tendrán más sentido.

Si desea probar libros electrónicos pero no cree que sea un escritor lo suficientemente bueno, investigue artículos y envíelos a un escritor en upwork.com o fiverr.com y obtenga un libro escrito para usted. Use ese mismo sitio de subcontratación para que alguien le construya un sitio web y luego publique su libro. Haga eso HOY.

Vaya a upwork.com y busque un escritor que le escriba un libro de 40 páginas sobre un tema usando el capítulo Kindle Publishing como su guía. En solo unos días, ¡puede tener un libro publicado!

Solo USTED tiene el poder de cambiar su vida. Comience hoy.

"Nada funcionará a menos que lo hagas." – Maya Angelou

Si disfruta aprendiendo sobre el ingreso pasivo en este libro, ¡Sus reseñas se apreciarían MUCHO! ¡Dejar las reseñas es la mejor manera de ayudar a sus colegas lectores a diferenciar los buenos libros de los terribles, así que asegúrese de ayudar a sus lectores y entusiastas de ingresos pasivos!

Asegúrate de revisar mi serie titulada "Tu camino hacia el éxito". El primer libro de la serie se titula Falle su camino hacia el éxito y pone de relieve cómo los grandes triunfadores ven el éxito y cómo utilizan el fracaso para su beneficio cada vez. Con el fracaso, no solo se elevaron, sino que llevaron a la humanidad a mayores alturas con ellos.

Sobre el Autor

El autor Chase Andrews dedicó un año a descubrir los secretos del ingreso pasivo. Su viaje lo llevaría en una búsqueda global, viajando por el mundo para conocer y entrevistar a personas comunes que habían "descifrado" el Código de los Ingresos Pasivos.

En el 2013 Chase Andrews era un empleado en un trabajo poco satisfactorio en una empresa de consultoría, hasta que un encuentro casual cambiaría su vida para siempre. Al asistir a una conferencia de negocios en Europa, conoció al hombre que luego se convertiría en su mentor y lo ayudaría a "descifrar" el Código de Ingresos Pasivos. En unos pocos meses, Chase se estaba beneficiando de 8 fuentes de ingresos pasivos y pudo abandonar su trabajo. Ahora viaja por los EE. UU., Australia y Europa con su esposa, enseñándoles cómo escapar del 9-a-5 y asegurar su futuro financiero.

Las estrategias que se revelan en este libro cambiarán para siempre la forma en que usted 'gana dinero'. Nunca más necesitará otro trabajo. ¡Y con el tiempo, descubrirá que obtener ingresos pasivos es más fácil de lo que creías posible!

Chase recientemente descubrió su pasión por ayudar a otros a escapar de los confines de la oficina y salir y disfrutar de la vida, todo mientras gana un ingreso a tiempo completo. Diríjase a www.thepassiveincomemachine.com para obtener más información sobre Chase, los ingresos pasivos y cómo escapar de la carrera de ratas.